Thor Heyerdahl
Die Pyramiden von Tucumé

Thor Heyerdahl
Die Pyramiden von Tucumé

Mit 191 Abbildungen

*Aus dem Norwegischen
von Ursula Gunsilius*

Langen Müller

Von Thor Heyerdahl erschien *Kon-Tiki* ebenfalls in den Buchverlagen Ullstein/Langen Müller (Originalausgabe 1949, Taschenbuchausgabe 1992 in der 12. Auflage)

Titel der norwegischen Originalausgabe:
Pyramidene i Tucume
Gyldendal Norsk Forlag, Oslo 1993

© by Thor Heyerdahl
Alle Rechte für die deutsche Ausgabe
1995 by Langen Müller in der F.A. Herbig
Verlagsbuchhandlung GmbH, München
Umschlaggestaltung: Adolf Bachmann, Reischach
Foto Schutzumschlag (T. Heyerdahl): Rolf M. Aagaard
Herstellung und Satz: VerlagsService Neuberger
& Schaumann, Heimstetten
Gesetzt aus der 11,5/13 Punkt Caslon
Druck und Binden: Butler & Tanner Ltd., Frome und London
Printed in Great Britain
ISBN 3-7844-2535-6

Inhalt

1 Die Tempelstadt, die zum Fegefeuer wurde   7
    Monumente einer vergessenen Vergangenheit   7
    Kulturen vor der Inkazeit   10
    Mit Archäologen nach Tucumé   12
    Lapislazuli und Spondylusmuscheln   14
    Die Legende um König Naymlap   16
    Vor uns liegt Tucumé   20
    Eigenheim als Last   23
    Brujos und Aberglaube   24
    Terroristen und übernatürliche Wesen   26
    Viele Möglichkeiten der Heilung   29
    Die unberührten Pyramiden von Tucumé   32
    Die Vergangenheit taucht auf   36
    Das große Projekt   45

2 Die Archäologen erzählen   48
    Zusammenarbeit auf dem historischen Sektor   50
    Die Kartierung des Feldes   51
    Chronologie   53
    Das älteste Tucumé   57
    Alltag und Arbeit   63
    Handel und weite Reisen   66
    Begräbnisbräuche   69
    Adobe und La Raya   72
    Die Funktion der Pyramiden   74
    Das leere Grab erzählt   77
    Die Mumien auf Huaca Larga   82
    Ein Häuptling im Federumhang   87

3 Tucumé lebt weiter   91
    Die Ansicht der Isolationisten   91
    Eine maritime Kultur   94
    »Die Menschen möchten, daß du hierbleibst!«   95
    Die Wohnungen der Tucumanen   97
    Alltag und Fest   101

Krankheit und Tod   103
Ihre eigene Geschichte   106
Tucumé Vivo – das lebende Tucumé   107
Im Algarrobowald   111
Wenn die Katastrophe droht   113
Kanalräumung und Fiesta   114
Ehrerbietung gegenüber Baumstämmen   117
Ronderos Campesinos   118
Als die Teufel kamen   120
Brennende Menschen   122
El Horno – der Backofen   125
Ein reisendes Volk   128
Muscheln und Seefahrer   134
Schilfboote und Holzflöße   136
Der Bootsbauer Paulino   138
Schilfboote mit doppeltem Achtersteven   140
Die große Entdeckung   144
Vogelmänner – wie auf der Osterinsel   148
Ein Teil ihres Lebens   152
Beispiele für die unendliche Vielfalt von Keramikkrügen im Grabgut von Tucumé   154

4 Die vergessenen Seefahrer der Inkazeit   159

Die unterdrückten Küstenbewohner   160
Die Begegnung der Spanier mit den seefahrenden Peruanern   163
Indianer mit Balsaflößen   167
Pizarro benutzte Balsaflöße   170
Die Segeltechnik der Inkazeit   174
Große Dimensionen   179
Leben an der Küste während der Inkazeit   181
Das Balsafloß in der Überlieferung der Inka   184
Entdeckungsreisen im Stillen Ozean   187
Die Überlieferung von Tucumé   191
Die Dynastie des Königs Naymlap   193
Die Geschichte des Lambayeque-Volkes   197
Impulse von Norden   200
»Denn die Indianer sind große Seefahrer!«   201

Bibliographie   205
Bildnachweis   206
Register   207

1
Die Tempelstadt, die zum Fegefeuer wurde

Es gibt wenige Gebiete, die eine so gut erhaltene und trotzdem so wenig bekannte Vergangenheit haben wie die Ebenen an Perus Küste. Hier regnet es nie, denn die rauhen Gipfel der Anden zapfen die vom Passatwind getriebenen Wolken auf ihrer ewigen Wanderung von der südamerikanischen Atlantikküste nach Westen an. Die Küste Perus am Stillen Ozean, ein 2000 Kilometer langer schmaler Gürtel aus Sand, ist eine Wüste, die unendliche Mengen uralter Schätze birgt. Offene Strände und Sandsteinfelsen wenden sich, die Anden im Rücken dem Stillen Ozean zu. Während die regnerische Ostseite der Anden bis hinein in die neuere Zeit die Heimat primitiver Dschungelstämme war, weisen die nackten Ebenen an der dem Stillen Ozean zugekehrten Seite eine Reihe von Zeichen dafür auf, daß sie verschiedene alte Kulturen beherbergt haben. Hier gibt es viel, was den Besucher an die Verhältnisse im Nahen Osten erinnert: Sand, Pyramiden und imposante Ruinen. Das trockene Klima an der Küste des Stillen Ozeans kann mit dem Klima in Ägypten und Mesopotamien verglichen werden und ist gleichermaßen geeignet, antike Überreste zu konservieren. Das Land ist genauso unfruchtbar und bedarf eines umfassenden Bewässerungssystems.
Doch während die uralten Zivilisationen in Ägypten und Mesopotamien an den Ufern schiffbarer Flüsse blühten, entwickelten sich die Kulturen Perus längs der salzigen Küste des offenen Meeres. Die Küstenausdehnung Perus von Ecuador bis Chile ist doppelt so lang wie der Nil vom Sudan bis zur Küste. Als die Europäer nach Amerika kamen, lag vor ihnen die Küste des Inkareiches, die länger war als Nordafrika in seiner gesamten Breite.

Monumente einer vergessenen Vergangenheit

Heute wie damals, als die Spanier kamen, verläuft eine Straße von Tumbes, wo Pizarro an Land ging, in Richtung Süden, vorbei an Städten

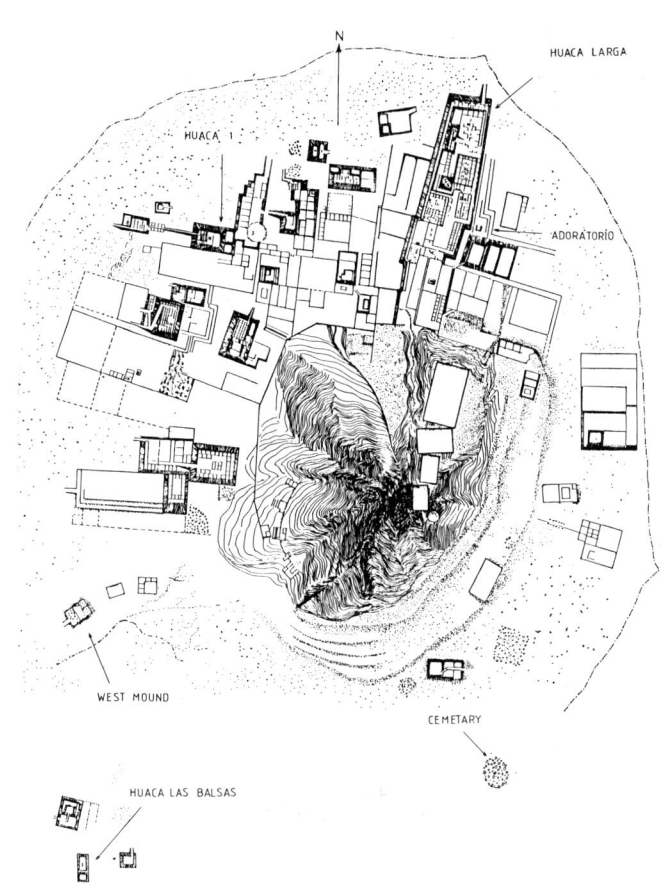

Die Tempelstadt Tucumé. Das archäologische Feld um das La Raya-Gebirge. (Zeichnung: Percy Fiestas)

*Rechts:
Blick vom Zuckerhut La Raya nach Nordosten über Tucumés verlassenes Ruinengebiet. In meinen kühnsten Vorstellungen hätte ich nicht gedacht, je einen derartigen, der Welt von heute unbekannten Anblick erleben zu dürfen.*

und Dörfern und weiter hinein in das Herz Perus. Im Norden der Küstenebene, nur sechs Grad südlich vom Äquator, liegt das winzige Dorf Tucumé, näher an der Grenze von Ecuador als an Perus Hauptstadt Lima. Eine Abzweigung vom Panamerikanischen Highway führt direkt durch Tucumé, das bislang auf keiner Karte zu finden war, obwohl die bescheidenen Häuser unmittelbar am Fuß von Südamerikas größtem Pyramidenfeld liegen.

Als die spanischen Eroberer im frühen 16. Jahrhundert auf der Inkastraße an den Pyramiden von Tucumé vorüberritten, waren sie von dem Anblick dieser gewaltigen Monumente aus einer vergessenen Vergangenheit überwältigt. Tausende von modernen Touristen dagegen sind auf der neuen Fernstraße vorbeigerauscht, ohne zu ahnen, was ihnen verborgen blieb: die Pyramiden von Tucumé, die durch Erosion eine wirkungsvolle Tarnung erhalten haben. Eine noch bessere Tarnung bieten ihre

Rechts: Straßenleben in Tucumé. Die meisten Leute wohnen verstreut in kleinen Hütten aus Adobeblöcken oder auch aus Schilf. Diese sind mit Lehm gedeckt. In der Stadt gibt es reguläre Straßen, aber weder Licht noch Wasser. Die Haustiere gelangen durch den Haupteingang in den Hinterhof, wo Kühe, Esel und Federvieh aller Art gehalten werden. Die norwegische Strømmestiftung kümmert sich jetzt um die Versorgung mit Wasser und um die Abwasserbeseitigung. Die Stadt ist voller elektrischer Leitungen, aber ohne Licht, weil Diebe die Kupferleitungen von den Masten vor der Stadt stehlen.

Dimensionen: Bleichen Sandsteingebirgen gleich ragen sie im tropischen Sonnenschein hoch auf, die blauen Anden als Schatten im Hintergrund. Bevor sie jetzt gegen Ende des 20. Jahrhunderts ins Rampenlicht gerieten, türmten sich die gigantischen Bauten von Tucumé unbemerkt über den Ebenen auf, als wären sie dort vom Schöpfer selbst hinterlassen worden. Gleichzeitig jedoch schienen sie ebenso unwirklich wie Gespenster zu sein, waren sie doch nie auf einer der vielen geografischen Karten aufgetaucht oder in einem Reiseprospekt genannt worden.

Für die Menschen in Tucumé ist diese nackte Wildnis von erodierten Pyramiden vor ihrer eigenen Haustür *El Purgatorio*, das Fegefeuer. Über 400 Jahre lang sah man in ihnen die schändliche Hinterlassenschaft der heidnischen Vorväter, einen Ort, an dem die Medizinmänner der Vergangenheit und der Gegenwart mit den Teufeln kommunizierten. Nur der Direktor des regionalen Brüning-Museums in der nächstgelegenen Stadt Lambayeque hatte die Bedeutung der Ruinen für die Wissenschaft – und den Tourismus – erkannt. Doch sein Enthusiasmus erreichte weder die Behörden in Lima noch die Touristen, die achtlos vorüberfuhren. Bis Grabräuber in einer ähnlichen Pyramide im benachbarten Sipán unglaubliche Schätze von Gold und Silber fanden, schlummerten die Pyramiden von Tucumé weiter unter Sanddünen, einfach übersehen von den Bewohnern des Landes wie von den Forschern.

In jedem anderen Land wäre dies unvorstellbar gewesen, doch vielleicht für Peru gar nicht so merkwürdig. Die Ebene von Tucumé ist nämlich ein Teil des großen, offenen Lambayeque-Tals, über das imposante Pyramiden verstreut sind. Im Abstand von nur wenigen Kilometern stößt man auf wichtige archäologische Felder wie Sipán, Batán Grande, Chotuna, Pampa Grande, Zaña und Ucupe. Das Tal muß lange vor der Inkazeit reich und dicht bevölkert gewesen sein, auch wenn bei der Eroberung durch die Spanier vor rund fünfhundert Jahren von der einstigen Größe nur noch Ruinen übriggeblieben waren.

Kulturen vor der Inkazeit

Die Konquistadoren kamen in ein Lambayque-Tal, das dank künstlicher Bewässerung noch reich und fruchtbar war. Die ursprünglichen Pyramidenbauer hatten für die Bewässerung großer, ebener Wüstengebiete gesorgt. Das geschah lange bevor die Inka vom Hochland aus herkamen und die Spanier von der See her die Küste eroberten.

Noch heute wirkt Tucumé inmitten der nackten Wüste wie eine Oase. In

dem Algarrobowald, der sich von Batán Grande aus erstreckt, verlaufen kreuz und quer Bewässerungskanäle aus der präinkaischen Zeit. Sie wurden zur Mochicazeit, im ersten Jahrtausend nach Christus, von regelrechten Hydraulikingenieuren gebaut. Der größte Kanal von allen, der über 70 Kilometer lange Taymikanal, verläuft in Tucumé längs des gesamten Pyramidenkomplexes. Er hat eine durchschnittliche Breite von sechs Metern und ist zwischen zwei und vier Meter tief. Bevor dieser Kanal durch moderne Schleusen reguliert wurde, konnte man ihn mit mittelgroßen Flößen aus Balsaholz oder Schilf befahren, in westlicher Richtung ganz hinunter bis zum Meer und in östlicher weit hinein in das Land.

Heute wie damals, als die Spanier kamen, sind für die Menschen in Tucumé sowohl frische als auch gedörrte Meeresfische ein wichtiger Teil der täglichen Nahrung. Ein uralter Weg verläuft durch alte Siedlungen die 20 Kilometer zum Meer hinunter. Er führt am Fischerdorf Morrope und den beiden legendenumwobenen Riesenpyramiden Chotuna und Chornancap vorbei, die unmittelbar an der Küste liegen. Dort, so wird immer noch erzählt, sei der Begründer der ersten Lambayeque-Dynastie an Land gegangen.

Dieselben Straßen, die den Spaniern den Vormarsch erleichterten, hatten dem Inka Tupac Yupanqui drei Generationen bevor Francisco Pizarro kam, geholfen, das Lambayeque-Tal und das ganze übrige Reich zu erobern. Dank des Netzwerks von Straßen, die schon in der präinkaischen Zeit existierten, konnten diese strafforganisierten Krieger von den Hochebenen der Anden das Flachland am Stillen Ozean in regelrechte Provinzen und Gemeinden aufteilen, die für sie von Cuzco aus ebenso leicht zu kontrollieren waren wie das römische Imperium von Rom aus.

Die Inka sind mit gutem Grund als die Römer des Mittelalters in Südamerika betrachtet worden. Sie waren große Eroberer und Staatsmänner, die ihre Kultur von anderen und früheren Zivilisationen übernommen hatten. Die Geschichte spricht von den Inka, als repräsentierten diese den Höhepunkt der peruanischen Kultur; neuerdings jedoch machen archäologische Ausgrabungen längs der gesamten peruanischen Küste deutlich, daß ältere und noch beeindruckendere Kulturen existierten, die sehr verschieden voneinander und dennoch deutlich verwandt waren. Bis jetzt sind sie am besten durch jene überraschenden Kunstgegenstände bekannt geworden, mit denen professionelle Grabräuber den Markt versorgt haben.

Die Geschichte dieser vergessenen Kulturen ist nie geschrieben worden, weil sie zum Teil zerstört und zum Teil voneinander absorbiert wurden – zuletzt von den Inka, einige wenige Generationen vor der Ankunft der spanischen Chronisten.

Mit Archäologen nach Tucumé

Der erste Europäer, der Tucumé besuchte und über seine Eindrücke schrieb, war der spanische Autor Pedro Cieza de Leon (1553). Nachdem er weiter nördlich an der Küste zusammen mit einer Anzahl von Konquistadoren an Land gegangen war, ritt er durch die Wüste in das fruchtbare Lambayeque-Tal. Seine kurze Aufzählung der Ansiedlungen längs der Inkastraße ist der Nachwelt erhalten geblieben; für Tucumé hat er einen ganzen Satz aufgewendet:

»Tuqueme [sic]... sublim und schön, grün mit üppiger Vegetation und Bepflanzung, sowie mit großen Bauwerken, die, obwohl zerstört und in Ruinen, von der vergangenen Größe des Ortes zeugen.«

In groben Zügen vermitteln diese Worte immer noch ein gutes Bild von dem Eindruck, den unsere eigene kleine Besuchergruppe gewann, als wir viereinhalb Jahrhunderte später an denselben Ort kamen. Ein Peruaner

aus der Nachbarstadt Lambayeque hatte uns auf einen kurzen Spaziergang mitgenommen, abseits von dem belebten Panamerikanischen Highway, eine Stunde Autofahrt in nördlicher Richtung von seiner Heimatstadt entfernt, um uns den größten Komplex prähistorischer Pyramiden in ganz Südamerika zu zeigen.

»Hier sind 26 Pyramiden, alle unberührt«, erklärte unser ortsansässiger Führer, der Archäologe Walter Alva. Wir hatten ihn gerade erst getroffen, als er uns schon auf dieses Gebiet aufmerksam machte, das dem Vergessen anheimgefallen war seit jener Zeit, da es die Konquistadoren erblickt hatten. Unberührt, wenn man vom nagenden Zahn der Zeit absieht.

Ich glaubte meinen Augen nicht trauen zu können. Für die Spanier war es ganz normal gewesen, derart Unerwartetes vor Augen zu haben, als sie in diese für sie »Neue Welt« kamen. Wir hingegen, die wir 1987 das gleiche sahen, waren weder gewohnt noch darauf vorbereitet, etwas zu sehen, was nicht schon bekannt und in Lexika und Reiseprospekten beschrieben war. Von unserem Führer abgesehen, waren alle anderen meiner Begleiter ebenso sprachlos und überrascht wie ich.

An der Küste des Stillen Ozeans unterhalb von Tucumé, fahren viele Fischer weiterhin Tag für Tag mit ihren kleinen Einmann-Schilfbooten aus Totoraschilf aufs offene Meer hinaus. Sie kommen jeden Nachmittag zurück, an guten Tagen mit 40-50 kg Fisch und stellen ihren Caballito, das »kleine Pferd«, zum Trocknen auf. (Foto: Lise Lian)

Ich empfand es buchstäblich so, als besuchte ich in einem Traum einen anderen Planeten. Es gab nichts auf unserem eigenen Planeten Erde, was sich mit diesen merkwürdigen und kolossalen Tempelruinen hätte vergleichen lassen.

»Versuchen Sie, unsere Regierung dafür zu interessieren«, bat Walter Alva. Er selbst hatte sich vergeblich bemüht. Am nächsten Tag, als ich den Eindruck der gigantischen Tempelkolosse noch deutlich vor Augen hatte, verhalf mir unser norwegischer Generalkonsul in Lima, Hans Stimman, zu einer Audienz beim peruanischen Außenminister. Wir konnten Tucumé auf seiner großen Wandkarte nicht finden, niemand vom Außenministerium hatte den Namen je gehört. Aber bitte, wenn ich etwas gesehen hätte, das eine Grabung lohne, könne ich das nach Beratung mit dem Nationalen Instiut für Kultur und dessen archäologischem Komitee tun – vorausgesetzt es würde vom Ausland bezahlt.

Wenige Monate später wurde in Lima ein Vertrag zwischen dem Kulturinstitut und dem Kon-Tiki-Museum in Oslo unterzeichnet. Ich sollte ein peruanisches Projekt organisieren, und zwar mit Hilfe von Mitteln, die das norwegische Museum, das das Kon-Tiki-Floß beherbergt, bereitstellte. Es handelte sich um eben das Balsafloß, mit dem ich 1947 von Peru nach Polynesien gesegelt war, um die Fahrtüchtigkeit der antiken peruanischen Fahrzeuge nachzuweisen. Das Balsafloß, das wir selbst in Peru gebaut hatten, sollte auf diese Weise 40 Jahre später Geld aus dem Verkauf von Eintrittskarten nach Peru zurückbringen, um damit in der präinkaischen Tempelstadt Tucumé nach Zeichen prähistorischer Seefahrt zu suchen.

Lapislazuli und Spondylusmuscheln

Nicht ohne Grund erwartete ich in den Pyramiden von Tucumé Beweise für die Navigation mit Balsaflößen zu finden. Ich hatte gerade die Gegenstände gesehen, die Walter Alva in dem im selben Tal gelegenen Sipán aus den Händen der Grabräuber gerettet hatte.

Sowohl der Ort Sipán als auch der Archäologe Walter Alva waren mir bis zu dem Tag, an dem mich dieser mit nach Tucumé nahm, unbekannt gewesen. Die Namen waren auch Guillermo Ganoza fremd, unserem peruanischen Freund, der uns die Küste hinauffuhr, ausgehend von der direkt am Strand unterhalb von Trujillo gelegenen Ruinenstadt Chan-Chan, der beeindruckenden Hauptstadt des Chimú-Reiches. Guillermo, ein bekannter Amateurarchäologe und Sammler von präinkaischer Kunst

Die Tempelstadt, die zum Fegefeuer wurde 15

Goldmasken aus Sipán. Rechts außen: Puma mit Zähnen aus Spondylusmuscheln. Die Maske weiter links hat Augenbrauen aus Silber und Augen aus Lapislazuli. (Fotos: Kristine Edle Olsen)

aus diesem Küstengebiet, war es gewesen, der seinerzeit die gesamte Leitung des *National Geographic Magazine* in Washington eingeladen hatte, sich die Ruinen anzusehen, wodurch Chan-Chan in der Welt besser bekannt wurde.

An dem Tag, als ich Walter Alva zum erstenmal traf, fuhr Guillermo mich mit einigen Freunden von Chan-Chan aus in Richtung Norden, um uns eine alleinstehende Pyramide zu zeigen, die wir nicht finden konnten, da wir unterwegs versehentlich auf einen Nebenweg gerieten. Inmitten endloser Wüstendünen in einem scheinbar gottverlassenen Niemandsland standen wir plötzlich vor sandbedeckten wellenförmigen Formationen, die sich als die verlassenen archäologischen Ruinen von Jequetepeque erweisen sollten. Ausgerechnet dort tauchte ein alter Freund auf.

In einem Labyrinth von verwitterten Mauern und Sandhügeln trafen wir Christopher Donnan, Archäologe und Museumsdirektor an der University of California, der dort nach präinkaischen Grabkammern grub. Unsere Überraschung war groß, meine noch mehr als seine, wußte er doch Erstaunliches zu berichten. Etwas weiter nördlich an der Küste, an einem

Ort namens Sipán, sei es erst kürzlich Grabräubern gelungen, in eine Pyramide einzudringen. Sie hätten den größten Goldschatz des Jahrhunderts gefunden. So hörten wir zum erstenmal von Walter Alva und seiner Begegnung mit den Grabräubern von Sipán.

Wenige Stunden später erreichten wir Sipán und fanden Walter Alva, einen kleinen, schwarzbärtigen Archäologen, tief unten auf dem Grund des Grabräuberschachts. Er stand am Fuß einer zusammengezurrten Bambusleiter, so lang und wacklig, daß das Hinabsteigen ebenso gefährlich schien wie ein Angriff der Grabräuber. Walter Alva ging mit geladenem Gewehr, denn die Dorfbewohner von Sipán waren für ihn eine ständige Bedrohung. Sie hatten geschworen, den Verwandten zu rächen, der bei einer von dem Archäologen geleiteten Polizeirazzia den Tod gefunden hatte.

Walters Favoriten unter den Kunstschätzen, die er konfisziert hatte, waren zwei prächtige Mumienmasken aus Gold. Die eine stellte das Gesicht eines Menschen mit blauen Augen dar, die andere das einer Raubkatze, die rosafarbene Zähne fletschte, was den Eindruck erweckte, sie wären blutbefleckt. Die blaue Iris in dem Menschengesicht bestand aus kunstvoll in silberne Augäpfel eingelegtem blauen Lapislazuli. Die blutigen Katzenzähne in der anderen Maske waren rötliche Spondylusmuscheln.

Die Legende um König Naymlap

Hier hatten wir gleich einen unwiderlegbaren Beweis für maritime Aktivitäten über große Entfernungen. Lapislazuli war nicht leicht zu bekommen. Es gab ihn nur an einem einzigen Ort in Amerika, weit unten an der Küste von Chile. Niemand hätte zu Fuß die 3000 Kilometer lange Küstenlinie bewältigen können, die durch Wüstengebiete und Ansiedlungen fremder Völkerstämme führte. Und es wäre ungeheuer schwierig gewesen, in südlicher Richtung gegen den starken Humboldtstrom zu navigieren, der längs des Landes in nördlicher Richtung verläuft, bis er vor Nordperu nach Westen abbiegt und geradewegs nach Polynesien fließt. Jemand, der vom Lambayeque-Ufer hinunter nach Chile reisen will, muß etwa 50 Seemeilen auf dem Meer zurücklegen und danach in südliche Richtung drehen, um die Küstenströmung zu umgehen. Die Heimreise dagegen wird mit hoher Geschwindigkeit längs der Küste erfolgen.

Nicht einmal die Spondylusmuscheln für die hellroten Zähne konnten in

Die Tempelstadt, die zum Fegefeuer wurde

Peru aufgetrieben werden. Die mußte man aus der entgegengesetzten Richtung holen, in den tropischen Fahrwassern von Ecuador und Panama, wo Pizarros Gefolge tatsächlich ein Balsafloß aufgebracht hatte, das mit roten Spondylusmuscheln beladen war.

Diese Kunstschätze aus der präinkaischen Zeit in Sipán wurden von Walter Alva der Mochica-Periode um 2000–3000 nach Christus zugeordnet. Mehr als eintausend Jahre vor Kolumbus' Reise war also die gesamte Pazifikküste Südamerikas den tüchtigen Kunsthandwerkern im Lambayeque-Tal vertraut. Sie wußten nicht nur, wo sie die Materialien, die sie benötigten, finden konnten – zum Beispiel Gold für die Mumienmasken und Silber, Lapislazuli und Spondylus für die Einlegearbeiten –, sondern auch, wie sie diese bearbeiten mußten.

Als ich die auffallend blauäugige Mumienmaske von Sipán in den Händen hielt, konnte ich nicht umhin, an die überlieferte Geschichte zu

Seite 18/19:
Die Pyramiden von Tucumé bei Sonnenuntergang, so wie der Autor sie zum erstenmal sah.

denken, die in ganz Peru bekannt war: Weiße Männer vom Meer seien gekommen und hätten die Kultur ihrer Vorväter mitgebracht. Der Einwandererkönig Naymlap, der seine erste Pyramide im Lambayeque-Tal errichten ließ, war am nächstgelegenen Strand an Land gegangen. Nur die Archäologie kann uns erzählen, wer er war. Man könnte beinahe sagen: Zeig mir Naymlaps Grab, und ich werde dir erzählen, woher er kam. Ganz gewiß kam er von einem Ort, an dem die nichteuropäische Zivilisation schon hoch entwickelt war und wo Mumienmasken und Lapislazuli bekannte Begriffe waren.

Walter bemerkte meinen Enthusiasmus, sah jedoch auf die Uhr. In zwei Stunden würde die Sonne untergehen. Die Fahrt zurück nach Trujillo war lang.

Sipán sei ein kleines Gebiet mit nur zwei Pyramiden, sagte er. Aber wenn wir uns beeilten, könnten wir noch etwas weiter nach Norden fahren, bis Tucumé, wo 26 Pyramiden zu einer Gruppe vereint seien.

Vor uns liegt Tucumé ...

So erfuhren wir zum erstenmal von Tucumé, und als wir dort ankamen, blieben nur noch ein paar Minuten bis zum Sonnenuntergang. Walter hatte ein paar Stufen angelegt, die zu einer Terrasse auf einem steinigen

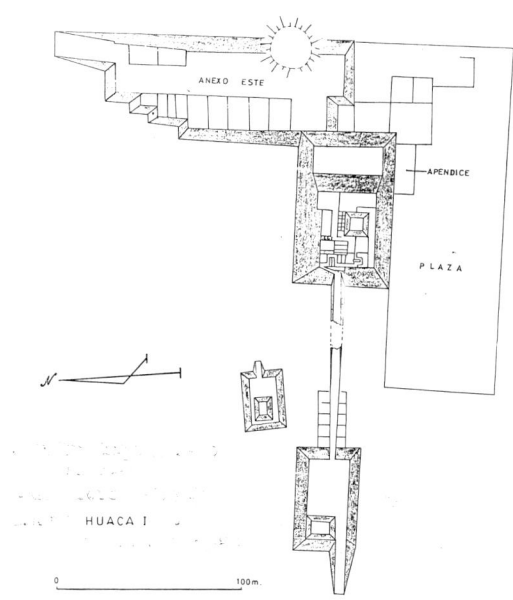

Huaca I mit dem Annex der Pyramide nach Nordosten und einer langen Rampe zu einem separaten Anbau im Westen. Die Zeichnung zeigt in groben Zügen die letzte Phase des Baus. Eine kleinere, ältere Pyramide liegt überbaut in der jetzigen Struktur. Die ursprüngliche Tempel-Plaza hatte eine 8 m hohe Mauer, deren Überreste Teil der jetzigen Pyramide sind. (Zeichnung: Percy Fiestas)

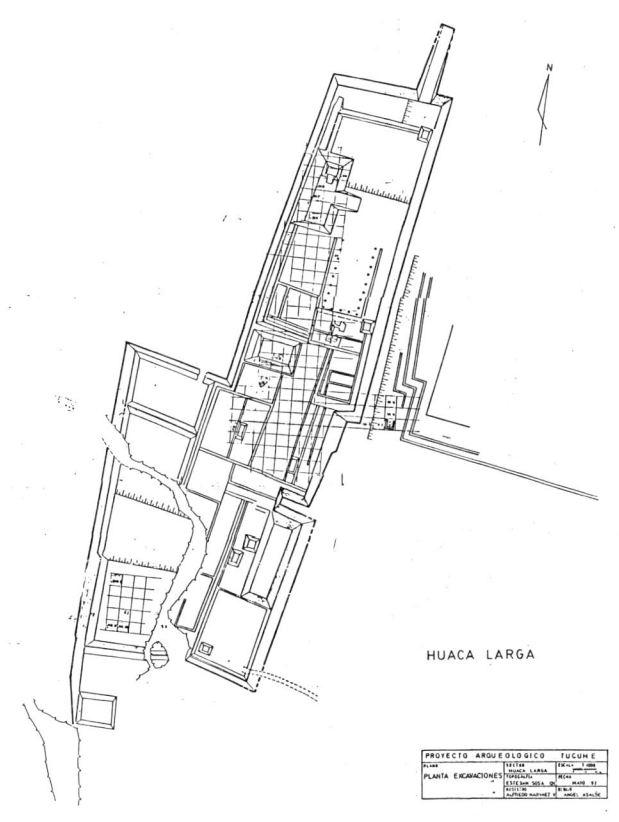

Huaca Larga ist die längste Pyramide von Tucumé. Aufgrund von Anbauten in den verschiedenen Perioden reicht sie bis an die Gebirgswand des La Raya und wirkt wie eine gigantische Rampe zum Gipfel.

vulkanischen Keil führten. Er erhob sich wie eine natürliche Kathedrale zwischen den majestätischen Formationen sonnengebrannten Lehms, die von Menschen geschaffen und zu Ruinen zerfallen waren. Wir konnten nur noch einen Schimmer von der verlassenen prähistorischen Pyramidenstadt wahrnehmen, die unter den letzten Sonnenstrahlen rotglühenden Berggipfeln glich. Dann wurde die unwirkliche Vision von der Tropennacht verschlungen.

Ich wußte, daß das, was ich gesehen hatte, mein Leben verändern würde. Wie hätte ich mich von diesem Anblick befreien können? Selbst ein Weltraumfahrer hätte etwas Derartiges nicht erwarten können. Hier hatten unbekannte Menschen gewohnt, mit Körper und Seelen, wie wir sie haben. Was verbargen diese verschütteten Wände? Und was enthielten alle diese Pyramiden?

»Du müßtest hier Ausgrabungen organisieren«, hörte ich Walter Alva vorschlagen. Scherzte er? Guillermo scherzte nicht: »Das hier ist eindrucksvoller als Chan-Chan!« rief er aus.

Nachdem wir wohlbehalten in Lambayeque angekommen waren, präsentierte Walter in seinem Museum, inmitten der Schätze von Sipán, allen Anwesenden ein Schriftstück. Walter und ich mußten ein Versprechen unterschreiben. Ich sollte Ausgrabungen in Tucumé organisieren, und Walter sollte der verantwortliche Archäologe sein.

Dieses inoffizielle Versprechen wuchs sich, da ich später eine mehrseitige Vereinbarung mit dem nationalen Kulturinstitut in Lima unterzeichnete, nach und nach zu einem anerkannten Projekt aus. So flog ich nach Chiclayo an der Nordküste, wo ich im Hotel Turistas abstieg. Es lag ungefähr 30 Kilometer südlich von Tucumé und war der nächste Übernachtungsort.

Ich war gekommen, um zu arbeiten. Und Peru war ein Land in einer ausgeprägten Krise, in dem sich sowohl die Valutamittel als auch die Terroristenorganisation »Leuchtender Pfad« außerhalb jeder Kontrolle befanden. Am kompliziertesten waren die Verkehrsverbindungen. Nach den letzten heftigen Regenfällen und der katastrophalen Überschwemmung fünf Jahre zuvor ähnelte der Panamerikanische Highway nach Tucumé am ehesten versteinerten Wellen, und es gab kein Geld, um ihn zu reparieren.

Als ich mit meinem Taxichauffeur fast als Hackfleisch in Tucumé ankam, blieb uns zu allem Überfluß an Widrigkeiten nun auch noch die Entdeckung, daß es unmöglich war, ein anderes Taxi für die Rückfahrt aufzutreiben. Diebe hatten die Telefonleitung gestohlen, die Tucumé mit der großen Welt verband. Und uns wurde erzählt, daß es reine Verschwendung sei, eine neue zu installieren; denn entweder Diebe oder Terroristen würden sie wieder entfernen und zum Kupferpreis auf dem Markt von Chiclayo verkaufen.

Um mein Verkehrsproblem zu lösen, schenkte mir Guillermo einen alten Campingwagen, so daß ich vor Ort übernachten konnte. Ich parkte ihn versteckt zwischen den Algarrobobäumen, die hinter einer kleinen, ein wenig abseits gelegenen Pyramide standen. Die übrigen Pyramiden waren größer, und das einzige, was ich von meinem Versteck aus sehen konnte. Sie bildeten ihre eigene Welt, und vor dem Nachthimmel ähnelten sie dem Schatten eines gezackten Drachenrückens, bis die Sonne hinter ihnen aufging und sie in Farben tauchte. Zuerst wurden sie gelb, und wenn die Abendsonne hinter der kleinen Pyramide versank, die meine private Welt war, bekamen sie einen roten Anstrich. Der Highway war so nahe, daß ich es in der stillen Nacht hören konnte, wenn ein Lastwagen vorbeidröhnte.

Endlich war Casa Kon-Tiki fertig – nach vielen Unannehmlichkeiten. (Foto: German Carrasco)

Eigenheim als Last

Ich hatte das Land, auf dem ich wohnte, von einem alten Ehepaar gekauft, das in die Stadt ziehen wollte. Das Grundstück bestand aus der kleinen Pyramide, einem Stückchen Algarrobowald und einigen Äckern, die lange brachgelegen hatten. Alles mußte eingezäunt werden, denn ich hatte erfahren, daß das Dorf Tucumé der Heimatort dreier berühmter Straßenräuber war. Einer von ihnen war der gefürchtete, aber respektierte Zorro, der Fuchs, der aus dem Gefängnis ebenso schnell herauskam, wie er hineingelangte. Er teilte seine Beute mit Leuten aus dem Dorf und Polizeibeamten. In Tucumé galt Diebstahl zwar als ein Vergehen, jedoch nicht als ein schwerwiegendes.

Der erste Zaun, den ich aufstellte, war aus Holzstöcken und Dornenzweigen gemacht. Die Zweige wurden ganz offensichtlich von freundlichen alten Frauen wieder abgepflückt, die sie zum Feueranzünden in der Küche benötigten. So baute ich sowohl einen Zaun als auch ein solides Haus aus großen, selbstgefertigten Adobeziegeln, etwa in der Art, wie sie für die alten Pyramiden verwendet worden waren und wie man sie heute noch im Dorf für den Hausbau benutzt. Dafür wurde Schlamm aus dem mit Wasser vermischten Ackerboden in hölzerne Gußformen gepreßt und sonnengetrocknet, bis er so hart war wie Tuff.

Ich kaufte ein Bett und war bereit einzuziehen, sobald der erste Raum fertig wäre. Aber der Raum hatte keine Tür, so daß in der ersten Nacht die Matratze gestohlen wurde. Ich bezahlte einen Wächter dafür, daß er die Türöffnung bewache, aber am nächsten Morgen war auch das Bett gestohlen. Durch das Fenster.

Ich grub neben dem Haus einen Brunnen, besorgte eine Handpumpe sowie ein Rohr mit einem Wasserhahn und versteckte nachts die Pumpe. Aber jemand kam mit einer Eisensäge und stahl sowohl das Rohr als auch den Hahn.

Da entschloß ich mich, auf das lange, schmale Haus ein Stockwerk zu setzen, das an beiden Seiten über das Erdgeschoß hinausragen sollte, so daß die Diebe nicht hinaufgelangen könnten. Um zu verhindern, daß die obere Etage bei einer Überschwemmung oder einem Erdbeben abstürzte, benötigte ich Zement für Pfeiler und Balken. Die Zementsäcke wurden in einer kleinen Lagerhütte, die ich aus Sicherheitsgründen aufgestellt hatte, zu einem hohen Stapel getürmt und versteckt.

Ein Wächter bot an, oben auf dem Stapel zu schlafen. Aber es sah so aus, als käme er mit jedem Tag dem Fußboden ein Stück näher. Als er eines Tages mit der von ihm im Stich gelassenen Ehefrau Streit hatte, vertraute sie mir an, daß ihr Mann einen Freund habe, der ihm jede Nacht helfe, Zementsäcke wegzufahren.

Brujos und Aberglaube

Wie sich herausstellte, war der Aberglaube ein weiterer interessanter Aspekt des dortigen Lebens. Um von den Menschen in Tucumé anerkannt zu werden, müsse ich, wie man mir erzählte, auf gutem Fuß mit etwa 20 *brujos* stehen, Hexenmeistern in dem Gebiet um die Pyramiden, sowie mit dem Pfarrer und dem Bürgermeister des Dorfes. Der Pfarrer war ebenso kultiviert wie liebenswürdig; er und der freundliche Bürgermeister – beide gewiß Nachfahren der örtlichen Pyramidenerbauer – wurden mir gute Freunde.

Es dauerte seine Zeit, bis ich mit über einem halben Dutzend der wichtigsten Brujos bekannt geworden war; der berühmteste hieß Santos Vera, ein Name, der in ganz Peru wohlbekannt war. Nach und nach sollte er mein Partner werden, wenn es darum ging, die Diebe fernzuhalten. Zwei von den anderen wurden respektierte Vorarbeiter aufgrund ihrer Fähigkeit, die Grabungsarbeiter durch ihr spezielles Verhältnis zu den Geistern im Ruinengebiet zu beruhigen.

Bevor ich noch die Bedeutung der Brujos völlig begriffen hatte, war ich dazu übergegangen, jeden Morgen innerhalb meiner langen Umzäunung eine Runde zu joggen, um mich in Form zu halten. Eines Morgens entdeckte ich neben der kleinen Pyramide ein Loch im Zaun. Und dort hing an dem Zweig eines Baumes ein toter Hahn, mit dem Kopf nach unten. Kinder, dachte ich, und lief weiter.

Am nächsten Tag lag auf dem Hügel unter dem Hahn ein toter Hund. Vielleicht war der Hahn vergiftet, um so die Füchse zu töten, und der Hund hat vom Hahn gefressen, dachte ich und beschloß, beide zu vergraben. Aber bevor ich das tun konnte, bekam ich Besuch von einem einheimischen Ehepaar aus Chiclayo. Die Frau stieß einen Schrei aus, als sie den toten Hahn und den Hund sah.

»Das ist Hexerei«, rief sie. »Wir müssen sehen, daß wir einen Brujo finden, der weiß, wie er dem Unheil ein Ende macht, das hier in Gang gesetzt werden soll!«

Ich faßte das als Scherz auf, aber das Ehepaar fuhr ins Dorf und kam mit einer Tüte voll rotem Chilipfeffer zurück. Sie hatten einen Brujo getroffen und von ihm erfahren, was zu tun sei. Nun verstreuten sie den Chilipfeffer im Sand rings um den toten Hund. Das half. Am nächsten Tag waren beide Tiere und auch der Chilipfeffer verschwunden. Aber die Hexenmeister krochen weiterhin durch Öffnungen in meinem Zaun, und rings um den Fuß der kleinen Pyramide lagen wieder harmlose Zweige in Form von Kreuzen, leere Medizinflaschen oder Streifen von rotem, an ein Stück Rinde geknüpftem Band.

Nachdem ich nach und nach das Vertrauen der Dorfbewohner gewonnen hatte, teilten sie mir mit, daß sich in meiner Pyramide eine Ente und zwölf Entenküken aus reinem Gold befänden. Viele hatten die goldene Ente vor nur wenigen Jahren gesehen, als sie hinunter ins Dorf gewatschelt kam, alle kleinen Enten in Reih und Glied hinter sich. Die Leute hatten sie zu fangen versucht, aber sie hatten ihnen immer entwischen können und waren zum Schluß wieder in der Pyramide verschwunden.

Viel später, als ich fast hundert Männer bei den Ausgrabungen angestellt hatte, erfuhr ich von neuen Gerüchten: Ich sollte selbst im Pyramidenfeld gegraben und die Goldente mit den Jungen gefunden haben. Ich hätte sie verkauft und das Geld dazu benutzt, so vielen Familien im Dorf den dringend benötigten Job zu geben. Eine tatkräftige Frau eröffnete bald die erste sehr einfache Bar des Dorfes und nannte sie »Die goldene Ente«.

Terroristen und übernatürliche Wesen

Eine der größten Pyramiden lag etwas abseits von den anderen, in unmittelbarer Nähe des Dorfes. Einem Gebirge mit verwitterten senkrechten Felswänden gleich, ragte sie unmittelbar neben dem großen Schulhof von Tucumé auf. Sie gehörte fast zum Dorf und wurde deshalb Huaca del Pueblo, die Dorfpyramide, genannt.

Zweimal entdeckten wir morgens nach dem Aufwachen, daß Mitglieder der gefürchteten Terroristenorganisation »Leuchtender Pfad« im Lauf der Nacht Tucumé besucht und ihre rote Fahne auf die Spitze der Dorfpyramide gepflanzt hatten. Mit Maschinenpistolen bewaffnet, hatten sie an einige Türen geschlagen und Drohungen gegen den Bürgermeister ausgestoßen, der Mitglied der Regierungspartei war. Doch waren sie weitergezogen, abgesehen von einigen Losungen, mit denen sie die Wände beschmiert hatten, ohne größeres Unheil anzurichten.

Den größten Schaden verursachten die Terroristen in den großen Städten und oben im Hochland, wo die Bewegung entstanden war. Die Menschen an der Nordküste sind freundlich, friedlich, lachen gern und haben einen ausgeprägten Sinn für Humor. Solange sie das Dorfblasorchester, genug Raketen für Geburts- und Feiertage und so viel politische Freiheit haben, daß sie *chicha* anbauen, singen und tanzen dürfen, sind sie glücklich.

Politische Terroristen stellen im Gebiet von Tucumé eine weniger reale Bedrohung dar als die Unterirdischen im Ruinenfeld. Ausgerechnet in der Dorfpyramide sollte eine schöne weiße Dame wohnen, vor der sich die Angehörigen der älteren Generation immer noch fürchteten. Man sagte, sie sei so leicht, daß sie, wenn sie die Pyramide verlasse, gleichsam schwe-

bend über die Spitzen der Zaunpfähle tanze, und sie sei so schön, daß es den Männern schwerfalle, sie nicht anzusehen. Wenn sie es aber täten, müßten sie sterben.

Noch schlimmer war das furchtbare Seeungeheuer, ein gewaltiger Rochen, der nachts im Pyramidenfeld sein Unwesen trieb. Zur Zeit der Großeltern hatte dieser Riesenrochen in einem großen See gelegen, der sich damals an der Ostseite der größten Pyramide befunden hatte, und in der Sonne gejapst. Aber der See war verschwunden, und jetzt lebte das Seeungeheuer in dem Gebirge, das im Zentrum des Pyramidenkomplexes aufragte. Es gab noch Leute, die das Ungeheuer gesehen hatten, und das Gebirge hatte seinen Namen nach dem Fisch bekommen – es hieß *La Raya*, was »der Rochen« bedeutet.

Nie zuvor hatte ich von einem Gebirge gehört, das nach einem Fisch benannt worden war, aber der Glaube daran war so unerschütterlich, daß viele Leute diese Gegend nur bei Tageslicht durchquerten. Für gewöhnlich ritten sie in das Ruinengebiet wie in einen Cañon auf zwei Eselspfaden, die die Häusergruppe an der Ostseite mit dem Dorf Tucumé an

Über die Dächer der Häuser im heutigen Tucumé ragen die verwitterten Reste einer der gewaltigen, aus sonnengetrockneten Adobeblöcken gebauten Pyramiden der präinkaischen Zeit, heute als Huaca del Pueblo, die Dorfpyramide, bekannt.

der Westseite verbinden. Aber nachts wagten sich nur die Brujos in die Tempelruinen um La Raya.

Die junge Frau, die mir täglich mein Mittagessen servierte, das aus Suppe, Reis und Ziegenfleisch vom Markt in Tucumé bestand, war nie auf dem nur zwei Kilometer von ihrer eigenen Türschwelle entfernten Pyramiden-

Zentral im Pyramidengebiet liegt das pyramidenförmige Gebirge La Raya (Der Rochen), benannt nach einem übernatürlichen Riesenrochen. Die Bevölkerung von Tucumé glaubt bis heute, daß er nach der Einführung des Christentums seine Zuflucht im Gebirge gefunden habe. Im Vordergrund sieht man Huaca Larga, die fast 700 m lange Pyramide, die mit einer Höhe von 30 bis 40 m und einer Durchschnittsbreite von 100 m das größte Adobe-Bauwerk der Welt ist.

feld gewesen. Ihr Großvater hatte dort den Teufel gesehen, und der Rochen könnte herauskommen und sie ergreifen fürchtete sie.
Anfangs hatten wir Schwierigkeiten, Arbeiter zum Graben zu bekommen. Selbst die Mutigsten, die sich anboten, die freigelegten Flächen zu bewachen und die Nacht in einer kleinen, von uns aufgestellten Holzhütte zu verbringen, kamen am nächsten Morgen und weigerten sich, weiterzumachen. Die Geister waren nachts erschienen und hatten versucht, sie zu erwürgen. Nicht einmal die Brujos vermochten es, sie zu überreden.
Wir mußten bei Padre Pedro, dem Dorfpriester, Hilfe suchen. Er kam mit Weihwasser, das er auf die Hüttenwände sprengte. Da verschwanden die Geister, bis wir das Ganze vergaßen und den Schuppen an einem anderen Ort aufstellten. Da kamen die Geister zurück, und wir mußten erneut Padre Pedro mit dem Weihwasser holen.
Alle sprachen von diesen Gespenstern und den übernatürlichen Wesen, von denen alle gehört hatten und die von den meisten gesehen worden waren, aber nie von dem Mord, der sich tatsächlich unmittelbar nach meinem ersten Besuch im Pyramidengebiet ereignet hatte.
Walter hatte einen Kartografen mit auf das Feld genommen. Als sie im Sand Blut entdeckten, dachten sie zunächst, jemand hätte einen Fuchs getötet, doch dafür war es zuviel Blut. Sie folgten den Spuren und fanden am Fuß einer der Pyramiden einen toten Mann, splitternackt und mit einem Loch im Kopf, das von einer Kugel herrührte. Es war nicht möglich, ihn zu identifizieren. Niemand kannte den Mann. Man wußte nicht einmal, ob jemand vermißt wurde. Die Polizei brachte ihn weg. Wer war er? Wer hatte ihn getötet? Warum? Keiner wußte eine Antwort. Die Episode wurde niemals wieder erwähnt.

Viele Möglichkeiten der Heilung

Als das Haus fertig war, bekam ich aus dem Dorf eine wunderbare Köchin. Chona war das glücklichste Wesen, das ich je gesehen hatte. Wenn sie nicht lächelte oder lachte, sang sie. Aber eines Tages war sie ernst. Ihr alter Vater war krank geworden. Ob ich helfen und einen Doktor für ihn besorgen könne? Gemeinsam mit meinem treuen Chauffeur Pizarro, der ebenfalls ein Vollblut-Tucumane war, hievten wir den alten Mann in den Kleinlaster. Nach der Einfahrt bogen wir rechts ab, mit Kurs auf den Panamerikanischen Highway.
Der alte Mann protestierte heftig. Er sagte, er habe bereits die Ärzte in Chiclayo ohne Resultat konsultiert. Jetzt wolle er zu einem Tucumé-

Doktor, einem Brujo. Er war so fest entschlossen, daß wir nach links abbiegen, auf Allrad umschalten und dann den Eselspfad entlang durch den Algarrobowald holpern mußten. Nach ein paar Kilometern war der Pfad zu Ende, und während Chona als Wegweiser fungierte, mußten Pizarro und ich dem alten Mann aus dem Auto helfen und versuchen, ihn zwischen uns auf den Beinen zu halten. So gingen wir durch den Wald, bis wir eine abgelegene Hütte fanden.
Draußen vor der Tür saß ein unglaublich fetter Mann. Er war zu schwer, um sich zur Begrüßung erheben zu können. Das war der Doktor. Ein Brujo von der wohlwollenden Sorte, die *curandero* genannt wird. Er stellte die Diagnose, indem er ein Meerschweinchen tötete und den Mageninhalt studierte. Die Kur bestand aus einem Gebräu, das der Alte trinken sollte, während ihn der Medizinmann mit dem Fell des kleinen Nagers massierte. Die Kur würde die ganze Nacht dauern, und wir sollten den Patienten früh am nächsten Morgen abholen.
Als wir am Morgen darauf zurückkamen, war der alte Mann fort. Er war gesund und zu Fuß losgegangen. Wir trafen ihn, als er schnellen Schrittes über eine Abkürzung aus dem Wald kam. Die Schmerzen waren verschwunden, der Alte war geheilt. Chona triumphierte. Eine Woche später starb er.
Nicht alle Brujos sind Curanderos. Einige sind bösartig und können sogar mit Hilfe des Zaubers töten. Aber aus Furcht vor Rache wagt niemand sie anzuzeigen. Einer meiner einheimischen Freunde, der Anthropologe Victor Fiestas, erzählte darüber aus persönlicher Erfahrung.
Fiestas ist der Sohn eines Fischers von der Küste, nahe bei Tucumé. Seine Gesichtszüge lassen deutlich erkennen, daß sich seit mehreren Generationen kein fremdländisches Blut mit dem seiner Sippe vermischt hat. Er selbst ist ein Mann vom Meer, der sich sein Anthropologiestudium an der Universität von Trujillo durch gemeinsames Fischen mit seiner Familie vor der Lambayeque-Küste verdient hat. Er war auf die

Die Bevölkerung von Tucumé ist den Polynesiern ähnlicher als jede andere Rasse.

maritimen Aspekte der älteren und neueren Kultur des Lambayeque-Tals spezialisiert.

Vom Augenblick meiner Ankunft an hatte er mir alte Dokumente über Balsaflöße gebracht, von denen einige der Beschreibung nach zwei Maste gehabt haben. Zu meiner großen Überraschung nahm er mich auch zu mehreren Stränden und einsamen, nördlich von Tucumé gelegenen Buchten mit, wo die Fischer heute noch täglich auf Balsaflößen mit Segeln aufs Meer hinausfahren: Yasila, La Islilla, Nonura, Matacavallo und Chulluyache Viejo.

Doch plötzlich war Fiestas verschwunden. Ich sah ihn nicht mehr und erfuhr, daß er mit einer unheilbaren Krankheit im Krankenhaus liege. Eine Weile später sagte man mir, er sei völlig gelähmt. Es gebe keine Hoffnung. Wir hörten nichts mehr von Fiestas.

Dann stand er eines Tages in meiner Tür, kräftig, braungebrannt und lächelnd. Ich gestand, daß ich geglaubt hätte, er wäre tot. Beinahe, antwortete er. Eine Zeitlang habe er nur die Augen bewegen können, und im Krankenhaus habe man ihn schließlich aufgegeben. Da sei die Familie mit einem Brujo gekommen. Als dieser zum drittenmal gekommen sei, habe er ein altes, schmutziges Hemd mitgebracht, das Fiestas als sein eigenes erkannt habe. Der Brujo hatte es auf einem Friedhof zutage gefördert, wo ein anderer Brujo es vergraben haben mußte, um einem Klienten zu helfen, Fiestas durch Zauberei zu töten. Nachdem der Brujo Fiestas' ganzen Körper mit dem alten Hemd abgerieben hatte, befahl er ihm, sich hinzusetzen. Langsam setzte sich der gelähmte Patient auf, nachdem er ein halbes Jahr unbeweglich im Bett gelegen hatte. Dann gab ihm der Brujo den Befehl, ohne Hilfe aufzustehen und dabei an die letzten Bewegungen zu denken, die er gemacht hatte, bevor seine Beine steif geworden waren. Fiestas gehorchte automatisch. Zuerst tat er ein paar tastende Schritte, dann ging er und war völlig geheilt. Definitiv geheilt. Wenige Monate später veranlaßte er die peruanische Marine in Sechura eine Regatta für alle Balsafloß-Fischer an der Nordküste zu veranstalten. Die Flöße glitten so leicht wie Segelschiffe auf den offenen Stillen Ozean hinaus, bis zu einem Flaggschiff am Horizont und zurück in den Marinehafen.

Unter den Menschen in Tucumé habe ich mich nie fremd gefühlt. Traditionell gehören alle zu ihnen, die sich seit Naymlaps Zeit bei ihnen niedergelassen haben. Nach ihrem pechschwarzen Haar, der braunen Haut und den typisch peruanischen Zügen zu urteilen, fließt nur wenig fremdländisches Blut in ihren Adern, obwohl sie sowohl von den Inka als auch von den Spaniern erobert worden sind.

Stolz, freundlich und für gewöhnlich sehr schön, ähneln sie oft mehr den Polynesiern als einer anderen Rasse. Ob sie in Tucumé den Acker bestellen oder vor der Küste fischen – die meisten dieser einfachen Menschen in den Ebenen und an den Stränden Nordperus sind so unverfälschte Repräsentanten jenes Volkes, auf das Pizarro traf, als er an Land ging, wie es heutzutage überhaupt nur möglich ist. Merkwürdigerweise ist bei diesem Volk, dessen Vergangenheit ich studieren wollte, das Wort *gringo*, das in anderen Teilen Lateinamerikas verächtlich für blonde Ausländer gebraucht wird, ein respektvolles Kompliment.

Die unberührten Pyramiden von Tucumé

Sobald es gelungen war, von den Universitäten in Peru und aus anderen Ländern professionelle Archäologen nach Tucumé zu holen, war es nicht schwierig, unter den Leuten im Dorf kräftige, arbeitswillige Männer zu finden, da die meisten von ihnen kleinen, verstreuten Ackerstücken lebten. Unser größtes Problem bestand darin, festzulegen, wo wir mit der Grabung beginnen sollten.

Das gewaltige Pyramidengebiet von Tucumé umfaßt insgesamt 220 Hektar. (Foto: Strømmestiftung)

Das Feld war riesig. Mit allen Sandbergen und Mauern umfaßt der Pyramidenkomplex von Tucumé 220 Hektar. In Sipán hatten professionelle Grabräuber den Weg gewiesen, und die Arbeit, die für die Wissenschaftler zu tun blieb, bestand darin, die Spuren der Vergangenheit zu bewahren. In dem großen Gebiet von Tucumé wiesen nur die Außenbereiche Spuren von Räubern auf. Sie hatten sich mit Hacke und Spaten der Landleute vorgewagt, unsere eigenen Geräte sollten die Maurerkelle und der Malerpinsel sein. Es war nicht unsere Aufgabe, nach königlichen Grabbeigaben zu forschen. Wir sollten nach Überresten suchen, die uns erzählen konnten, wie die Pyramidenbauer gelebt hatten, sowohl die gewöhnlichen Leute als auch die Elite.

Es stellte sich heraus, daß vor uns nur wenige professionelle Archäologen die Pyramiden besucht hatten, jedoch ohne sichtbare Spuren zu hinterlassen. Der erste war in den Jahren 1925–1926 der bekannte nordamerikanische Forscher Alfred L. Kroeber gewesen. Er hatte nur Skizzen von *El Purgatorio* gezeichnet und ein paar Chimú-Krüge mitgebracht. Kurz darauf kam sein Kollege und Landsmann Wendell C. Bennet, bekannt von den Ausgrabungen in Tiahuanaco. Er grub östlich vom Tempelgebiet

Huaca I, von Südosten. Diese Pyramide wurde für unsere ersten Ausgrabungen ausgewählt.

Huaca II liegt unmittelbar östlich von Huaca I; hier hat man bis auf weiteres noch keine Ausgrabungen in Angriff genommen. Aber auf ihrer Spitze haben wir Stücke von bearbeitetem Türkis gefunden, die auf prähistorische Kontakte zu so weit entfernten Gebieten wie Argentinien, wahrscheinlich über Tiahuanaco, schließen lassen.

Namenlose Pyramide am Fuß von La Rayas Westseite. Mit ihren Rampen, die sich im rechten Winkel an der obersten Plattform treffen, erinnert diese Pyramide stark an die Zikkurat in Ur in Mesopotamien, wo die Pyramiden auch aus sonnengetrockneten Adobeblöcken und nach dem Stand der Sonne errichtet wurden.

»Die Dorfpyramide«, von Süden aus gesehen. Das Dorf Tucumé liegt links hinter der Pyramide.

einige Probeschächte. Dort fand er ein paar Inka-Chimú-Gräber mit Resten von einfachen Baumwollstoffen, und 1939 publizierte er in den USA seine Ergebnisse.

Danach folgte ein anderer Nordamerikaner, der bekannte Peru-Experte Richard Schaedel. Er nahm sich die Zeit, auf der Grundlage von Luftaufnahmen eine Karte über den Pyramidenkomplex zu zeichnen. Er und Paul Kosok, die in ganz Peru Monumentalanlagen fotografierten, brachten die Pyramiden in Tucumé in Verbindung mit dem großen präinkaischen Kanalsystem, das sie auch mit dem Komplex gigantischer Pyramiden in Batán Grande, wenige Meilen weiter landeinwärts, verband. 1951 vertrat er die Meinung, beide Stätten seien Zentren politischer und religiöser Macht gewesen. Er nahm an, daß das Fegefeuer das urbane Zentrum der Oberklasse gewesen sei, und daß die vielen Pyramiden eine Übergangsphase von der Mochica-Periode zu dem ersten echten urbanen Komplex darstellten, in dem die königlichen Klassen zusammen mit Dienern und spezialisierten Handwerkern gewohnt hatten. Er führte keine Ausgrabungen durch.

Der letzte Forscher, der den immer noch unberührten Pyramiden von Tucumé Aufmerksamkeit geschenkt hatte, war der deutsche Archäologe Hermann Trimborn. Er war zwischen 1967 und 1975 gekommen, um

Trotz der Jahrhunderte währenden Verwitterung umgeben immer noch turmhohe Wände aus sonnengetrocknetem Adobe eine Fläche an der Westwand der Huaca Larga, die einst eine Zeremonialstätte gewesen sein muß.

Proben von den harten Algarrobostämmen zu nehmen, die aus einigen Pyramidenwänden ragten. Die mit der Radiocarbonmethode gewonnenen Werte deuteten darauf hin, daß die getesteten Konstruktionen zwischen 1010 und 1290 nach Christus erbaut worden waren. Er kannte die regionalen Traditionen und kam deshalb zu dem Schluß, daß der Bau in die frühe Periode der Naymlap-Dynastie fallen müsse.

Diese Besuche gaben uns keinen Leitfaden, aber die volle Freiheit, in einem Gebiet mit 26 Pyramiden, zwischen denen sich der Sand über begrabenen Ruinen und anderen Überresten wellte, die Stelle zu wählen, an der wir mit der Grabung beginnen wollten.

Die Vergangenheit taucht auf

Am 28. August 1988 maß Walter mit einer Schnur einen Quadratmeter am Fuß einer der Pyramiden von Tucumé ab. Er begann mit einer Kelle in der Oberflächenkruste zu schaben. Das war die offizielle Eröffnung der ersten Ausgrabungen im Pyramidengebiet von Tucumé, und die ziemlich zufällig ausgesuchte Pyramide wurde *Huaca Uno*, Pyramide Nr. 1, genannt.

Damals ahnten wir nicht, daß dies auch schon alles war, was Walter tun konnte. Seine Assistenten riefen ihn dringlich zu dem Schacht der Grabräuber in Sipán zurück, denn es bestand Grund zu der Annahme, daß die Grabräuber nicht genug Zeit gehabt hatten, alles zu entfernen. Walter kehrte nach Sipán zurück und entdeckte ein Grab mit dem Goldschatz eines vor 500 Jahren verstorbenen Adligen, der als »Herrscher von Sipán« weltberühmt wurde.

Wir mußten jetzt in Tucumé so weitermachen, wie wir begonnen hatten. Walter schickte uns für die wenigen Tage, die er in Sipán aufgehalten werden würde, einen jungen peruanischen Kollegen, der ihn vertreten sollte. Aber kaum war der Herrscher von Sipán in seinem Grab freigelegt und mit allen seinen vergrabenen Schätzen in das Brüning-Museum gebracht worden, da entdeckte Walters Team ein neues Grab. Und dann noch eins. Die kleine Pyramide in Sipán schien eine unerschöpfliche Zahl königlicher Grabkammern zu bergen.

An der Nordseite von Huaca I mußten wir uns 5 m durch den Hügel graben, um den Fuß der Pyramide zu erreichen, die sich ohnehin 40 m über die Bodenoberfläche erhebt.

Rechts: Huaca I von Süden, nach Beginn der Ausgrabungen. In diesem Gebiet wurden dicke Ascheschichten und verstreute Kindergräber gefunden. Ganz rechts außen ist ein Hügel sichtbar, der Tempelstrukturen mit einer großen Anzahl leerer Nischen aufwies.

Seite 40/41: Die Grabungsmannschaft aus dem Dorf Tucumé lernte schnell und war bald brennend an den Ausgrabungen interessiert. Diese ließen die hochentwickelte Baukunst und das imponierende kulturelle Niveau ihrer Vorväter deutlich werden. Bald begannen wir mit Ausgrabungen einer, wie wir meinten, künstlichen Anhöhe an der Südostseite von Huaca I.

In der Zwischenzeit beschloß Walters Stellvertreter Hugo einen größeren Teil des Feldes auszugraben, proportional zu den uns umgebenden Dimensionen. Anstelle bescheidener Vierecke von einem Quadratmeter teilte er Felder zu je 100 Quadratmetern ein, wo das Graben mit Maurerkelle und Pinsel begann.

Millimeter wurden zu Zentimetern, und als wir bei einem Meter Tiefe angelangt waren, hatten wir Hunderte von Schubkarren mit reinem Sand weggefahren. Als wir den Sand siebten, fanden wir nichts. Keine Spur menschlicher Aktivität. Nur reiner Schlamm, wie er in den sogenannten Niño-Jahren mit den gewaltigen Regengüssen von den terrassenförmigen Pyramidenwänden als Morast nach unten gesickert war. An den senkrechten Grabenwänden konnten wir in den Schlammschichten aus diesen Katastrophenjahren wie in einem Buch lesen.

Enttäuscht darüber, daß trotz der weitgestreckten Ausgrabungsflächen nichts gefunden wurde, war Hugo bereit, die Taktik zu ändern. Jetzt gruben wir einen normalen Testgraben, einen Meter breit, an der einen Pyramidenseite. Wir mußten fünf Meter hinunter, bevor wir den Fuß der Pyramide erreichten, die ungefähr 40 Meter über der Erdoberfläche aufragte. Trotzdem fanden wir nichts als Schlamm von der darüberliegenden Wand.

Nun zogen wir von der Nordseite zur Südseite der Pyramide, wo sichtbare Überreste einer verschütteten Mauer verrieten, daß hier eine riesige *plaza* gewesen war. Hier war sogar die Erdkruste voll von Bruchstücken weißer Meeresmuscheln und uralten Tonscherben. Unmittelbar unter der obersten Schicht stießen die Maurerkellen auf einen unsymmetrischen Wirrwarr von niedrigen Adobewänden. Sie begrenzten winzige Räume, die zu klein waren, als daß es Aufenthaltsräume hätten gewesen sein können.

Dicke Scherben von großen, zerbrochenen Urnen, verstreute menschliche Knochen und mit dicken Schichten schwarzer Asche bedeckte Fußböden waren der übliche Anblick fast all dieser Einfriedungen, die von auffallend niedrigen Mauern gebildet wurden. Verstreut zwischen ihnen lag eine Anzahl vollständiger, ausgestreckter Babyskelette, alle von Mädchen im Alter von etwa einem Jahr.

Waren es Opfergaben? Hier schien die Bestattung später erfolgt zu sein; die Gräber wirkten nicht so sehr alt. Doch der überall vorhandene Teppich aus schwarzer Asche war erstaunlich.

War dies die erste Spur von Kremation in Peru, so wie wir sie von den Osterinseln und Ecuador kennen? Wenn nicht, mußten es Rückstände

von verbrannten Opfergaben sein. Denn all die Asche war von einem anderen Ort in Urnen hierhergebracht worden, sonst wären die Adobemauern vom Feuer rotgebrannt gewesen.

Überall, wo wir gruben, in allen Richtungen, tauchten niedrige Einfriedungen mit Asche auf. Und da Hugo zögerte, sie durch weiteres Graben in die Tiefe zu zerstören, erstreckte sich das Grabungsgebiet bald über die Plaza und hinauf auf das östlich von dieser Pyramide gelegene unebene Plateau. Hier bildeten die niedrigen Adobewände ein anderes Muster.

Reguläre Reihen von kleinen kistenförmigen Nischen mit hohen Wänden schienen sich, terrassenförmig übereinander angeordnet, scheinbar endlos in östlicher und nördlicher Richtung fortzusetzen. Alle hatten die Größe eines komfortablen und geräumigen Lehnstuhls oder Thrones, und einige waren Seite an Seite plaziert, wie Sitzplätze in einem Amphitheater. Alle waren trostlos leer und unergiebig, ohne die geringste Spur von Benutzung oder Inhalt.

Je mehr wir gruben, um so mehr fanden wir von diesen absonderlichen Nischen, die in Reih und Glied und in Treppenstufen übereinander angeordnet sind.

Hatten sie einmal Mumienbündel, Götterbilder oder andere Schätze enthalten, die von den eindringenden Inka geraubt worden waren? Zu unserer Überraschung fanden wir heraus, daß diese Nischen weder mit Sand, den der Wind mitgebracht hatte, noch mit Schlamm, der die Pyramidenwände heruntergesickert war, bedeckt waren, sondern mit Füllstoff, vermischt mit Tonscherben, Flicken, Muscheln, Knochen und Kohle aus der vorkolonialen Zeit. Er war tonnenweise hierhergebracht worden, um all das zu verbergen, was darunter lag.

Walters zeitweiliger Stellvertreter war darauf erpicht, eine wichtige Entdeckung zu machen, solange er noch für die Feldarbeit verantwortlich war. Er hatte eine Tendenz, sich auszubreiten.

Da die verantwortlichen Archäologen bei mir immer ihrem eigenen Plan folgen und ihre eigenen Schlußfolgerungen ziehen konnten, hatte er bald ein kleines Heer von Arbeitern und Studenten um sich versammelt, das

Eine Ecke in unserem provisorischen Museum. Das Ruderblatt, das Daniel Sandweiss in der Nähe des Westhügels ausgrub, hängt an der Wand.

die nächstgelegenen Hügel hinauf- und hinunterkroch, ohne je tiefer zu graben als bis zur ersten Schicht. Hätten uns 100 Jahre zur Verfügung gestanden und wir die oberste Schicht aller Tucumé-Ruinen abgetragen, so hätten wir trotzdem nichts gefunden, was älter gewesen wäre, als das, was von den Letzten hier verlassen worden war – leere Strukturen, zugedeckt mit Füllstoff, um all das zu verbergen, was die Menschen hergestellt hatten.

Verbergen – vor wem? Vor den Konquistadoren, damals, als die Spanier im Anmarsch waren?

Das Touristenmuseum von Peru ließ neben unseren Lagergebäuden ein großes Museum errichten, um alle die Kunstschätze unterzubringen, die nach und nach aus dem Boden von Tucumé auftauchten. (Foto: Lise Lian)

Das große Projekt

Je mehr wir gruben, um so mehr Fragen tauchten auf, ohne daß wir eine Antwort fanden. Als klar war, daß Walter nicht nach Tucumé zurückkehren konnte, da er mit seinen Aufgaben in Sipán nicht in absehbarer Zeit fertig werden würde, hatte ich das Glück, mit zwei erfahrenen Archäologen in Kontakt zu kommen, die im Rahmen des archäologischen Projekts Tucumé gemeinsam die Verantwortung für die Feldarbeit übernehmen konnten. Es waren Alfredo Narvaez Vargas von der National-Universität in Trujillo und Daniel Sandweiss von der Cornell University in den Vereinigten Staaten. Beide hatten viele Jahre archäologischer Feldforschung in Nordperu hinter sich.

Als offizieller Repräsentant des nationalen Kulturinstituts in Peru war Alfredo für die Position des leitenden Feldarchäologen vorgesehen. Mit seinem Doktorgrad in Archäologie von der Cornell University sollte Dan der offizielle Repräsentant des Kon-Tiki-Museums und Chefredakteur für die Projektberichte sein. In Wirklichkeit nahm er die Verantwortlich-

*Interieur des neuen Museums.
(Foto: Jarle Ree)*

keit von Arne Skjølsvold wahr, der am Museum in Norwegen Forschungsdirektor war und nur auf Inspektionsreisen nach Peru kommen konnte.

Die Frau von Dan Sandweiss, Maria Carmen, war peruanische Archäologin, und außer ihr stellten wir mehrere peruanische und andere ausländische Archäologen beiderlei Geschlechts ein sowie 20 Archäologiestudenten von den Universitäten Lima und Trujillo. Ein altes Haus im Dorf Tucumé wurde restauriert und vergrößert, so daß alle Studenten dort wohnen konnten. Verträge über eine wissenschaftliche Zusammenarbeit wurden sowohl mit der Universität in Trujillo als auch mit dem Nationalmuseum für Anthropologie und Archäologie in Lima unterzeichnet.

Jetzt waren wir endlich richtig im Gange. Zuerst wurden mit Mitteln des Kon-Tiki-Museums Lagergebäude, dann Labors und schließlich auch für den ständig zunehmenden Besucherstrom ein provisorisches Museum errichtet, alles beim Zugang zum Pyramidengebiet.

Dort stellten wir für die Touristen die präkolumbianischen Kunstgegenstände aus, die nach und nach zu Tage kamen und immer noch aus dem Sand auftauchen, solange die Ausgrabungen andauern. Und wenn wir aufhören, werden andere weitermachen, solange Mittel und Interesse für Perus verborgene, aber wohlbewahrte Blütezeit vorhanden sind.

Sowohl der einfache Nachfahre von Perus ursprünglicher Bevölkerung als auch die obersten Behörden des Landes schätzen heute die bislang nur wenig beachteten Kulturepochen, die der Inkazeit vorausgingen, als legendäre Priesterkönige wie Kon-Tiki Viracocha, Naymlap, Takaynamo und Manco Capac als kulturbringende Seefahrer kamen. Deshalb hat das Touristenmuseum von Peru unlängst ein großes ständiges Feldmuseum aus Adobeblöcken errichten lassen, neben den bescheidenen Lagern des Kon-Tiki-Museums, die auf Überführung warten, wenn der große Neubau als sicher genug betrachtet wird, um Banditen und Niño-Regen abzuhalten.

In symbolischem Sinn wurde das neue Museum als Kopie der ältesten Kirche im Lambyeque-Tal errichtet, die zur Nachbarstadt Morrope gehört. Morrope liegt auf halber Strecke zwischen Tucumé und dem Strand, an dem König Naymlap landete und die Tempelstadt Chot bauen ließ, jetzt bekannt als Chotuna. Diese ungewöhnliche Kirche wurde bei der Ankunft der Spanier von der Bevölkerung des Ortes in demselben Stil und in derselben Weise errichtet, wie sie ihre eingeschlossenen Tempel gebaut hatten – mit Adobedach und -wänden, gestützt von mächtigen Säulenreihen und Trägern aus großen, knorrigen Algarrobostämmen.

2 Die Archäologen erzählen

*Rechts:
Der Autor geht die Westseite der Huaca Larga hinauf. Eine Wanderung im Pyramidengebiet ist wie ein Fußmarsch in einer Gebirgslandschaft. Wind und Wetter und der Regen, der während der im Abstand von 7-8 Jahren wiederkehrenden Niño-Periode herabströmt, hat im Verlauf von 1000 Jahren regelrechte Abgründe, ausgetrockneten Flußbetten ähnlich, in die Pyramidenwand gegraben. Sie ist aus Millionen von sonnengetrockneten Adobeblöcken errichtet. Im Hintergrund, weit abseits von den anderen, liegt die Dorfpyramide.
(Foto: Heinz Pflenge)*

Wenn wir im Pyramidengebiet von Tucumé auch zeitweilig auf weit voneinander getrennten Feldern viele Arbeitskräfte eingesetzt hatten, so ist der gesamte Komplex doch so groß und reich, daß er Generationen von Archäologen Arbeit geben wird, bis alle Bauwerke und Grabkammern abgedeckt sind und wir Antwort auf die innersten Geheimnisse der Pyramiden erhalten haben. Trotz aller unserer Anstrengungen haben wir in einem Zeitraum von fünf Jahren nur eine Ahnung davon bekommen, wie das Leben an der Nordküste Perus während der Blütezeit Tucumés ablief, einer Periode, die selbst für die spanischen Konquistadoren schon Vergangenheit war. Im Verlauf von fünf Jahren ist so viel archäologisches Material in unsere Labors und Lagergebäude gelangt, daß sie von unten bis oben mit numerierten Kisten und Kartons vollgestapelt sind. Wir waren gezwungen, das Tempo der Ausgrabungen zu drosseln, um allen Archäologen und Laboranten die Zeit für die erforderlichen häuslichen Studien und Klassifizierungen zu geben, so daß die Übersicht nicht ganz verlorenging.

Die Chefarchäologen Alfredo Narvaez und Daniel Sandweiss, die sich die Hauptverantwortung für die Feldoperationen teilten, werden in naher Zukunft ihre Fachberichte – in englischer und später auch in spanischer Sprache – über die bisherigen Ausgrabungen publizieren. Diese werden zunächst in London unter der Regie des Kon-Tiki-Museums und in Beratung mit dem norwegischen Co-Direktor des Tucumé-Projekts, Prof. Dr. Arne Skjølsvold, in Buchform erscheinen.

Da Dr. Sandweiss der verantwortliche Redakteur dieses Werkes ist, haben wir ihn um eine kurze und leichtverständliche Übersicht über die vorläufigen Resultate der Ausgrabungen gebeten.

Wir sind uns jedoch darüber im klaren, daß die beiden Pyramiden, deren Untersuchung bereits begonnen hat, mit den älteren, noch unerforschten Bauten in ihrem Innern ebenso Überraschungen bieten können wie einige der anderen großen Pyramiden.

Zusammenarbeit auf dem historischen Sektor

Während wir dies schreiben, sitzen Dan und ich unter schattigen Dschungelbäumen an der Nordküste von Kuba. Gleich hinter dem Horizont ragt die Halbinsel Florida ins Meer und läßt nur eine schmale Straße zwischen Dans Heimat, den USA, und dieser Tropeninsel, die ein Menschenalter lang aus politischen Gründen einander verschlossen waren.

Nur einen Steinwurf hinter dem üppigen Grün rollen die Wellen des Golfs von Mexiko an einen einsamen weißen Sandstrand. Weit im Innern dieses Golfs liegt das Sumpfgebiet, in dem die mystischen Olmeken des Altertums Mexikos erste Pyramiden bauten. Von dort ausgehend, die ganze tropische mittelamerikanische Landzunge hinunter und südwärts zur Wüstenküste von Peru erblühte einst eine zusammenhängende Reihe großer Zivilisationen, die nie das übrige Amerika erreichten. Was für ein Kontrast zwischen den archäologischen Funden auf Kuba und der Hochkultur in Tucumé! Dennoch wissen wir jetzt, daß die Kulturen auf dem Festland vor der Ankunft von Kolumbus viel mehr Kontakt mit Kuba hatten, als man bislang glaubte.

Wir hocken am Eingang einer beeindruckenden Höhle, die sich scheinbar endlos in das Gebirge schraubt. Wir haben einen neuausgehobenen Graben vor uns, in dem Archäologen von beiden Seiten der Floridastraße friedlich zusammenarbeiten und für uns Eimer voll Erde und Kies heraufbefördern. Währenddessen sitzen wir da, reden und notieren.

Dan wühlt in einem Eimer und klaubt ein paar uralte Muscheln, Knochen und Steinzeitwerkzeuge heraus. Sie sind von Seefahrern vom amerikanischen Festland benutzt worden, die Jahrtausende, bevor Kolumbus hier auf seiner ersten Fahrt über den Atlantik vor 501 Jahren an Land ging, nach Kuba gekommen waren. Damals gab es keine Einschränkungen für den Verkehr zwischen den Ländern.

Das reiche archäologische Material, das unsere Kollegen von Kuba und aus den USA vor kurzem gemeinsam bearbeitet haben, macht deutlich, daß Kuba mit Florida, Mittelamerika und auch mit Venezuela Kontakt hatte, bevor die Europäer kamen und den Anspruch erhoben, Entdecker zu sein.

Trotz der politischen Handelsblockade hatten wir es geschafft, den Abschluß eines Vertrages zu vermitteln, der sowohl vom Direktor des Carnegie Museums in Pittsburg als auch vom Rektor der 250 Jahre alten Universität in Havanna unterzeichnet wurde. Er betrifft die archäologi-

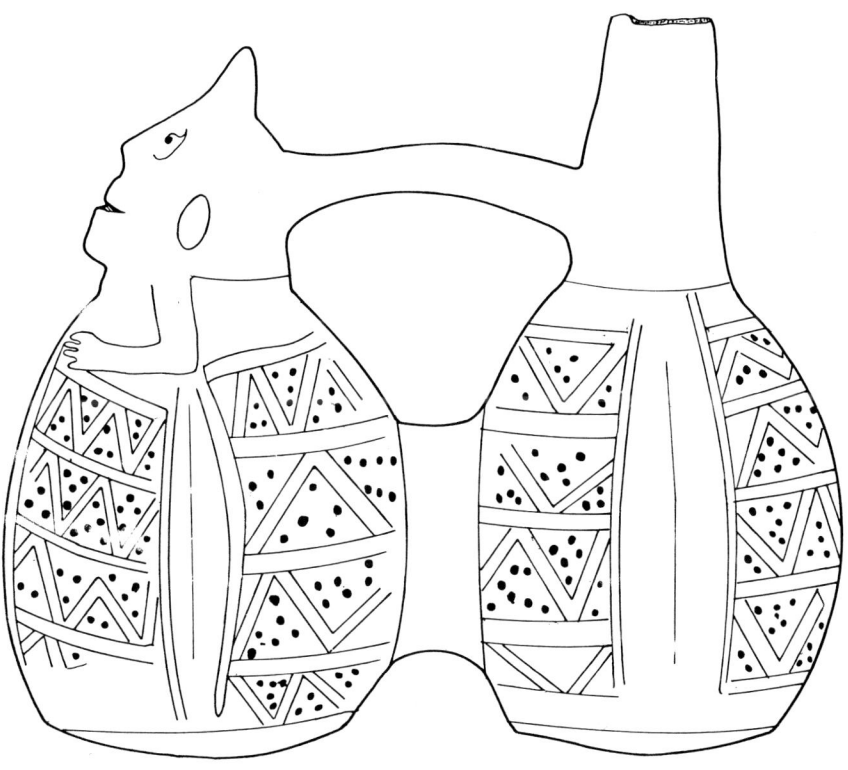

sche Zusammenarbeit auf dieser gebirgigen Tropeninsel, die Kolumbus so groß erschienen war, daß er, als er zum zweitenmal zurückkam, seine ganze Mannschaft darauf schwören ließ, daß sie den asiatischen Kontinent entdeckt hätten. Und während die Mücken stechen und der Schweiß neue Schwärme von weither lockt, schreibe ich Dans mündlichen Bericht über Tucumé nieder:

Die Kartierung des Feldes

»Als Alfredo Narvaez und ich vom Kon-Tiki-Museum ausgewählt wurden, gemeinsam die Verantwortung für die Feldarbeit in Tucumé zu übernehmen, hatten wir keine Schwierigkeiten, uns über die Aufteilung der Arbeit zu einigen. Seitdem ich vor 15 Jahren als frischgebackener Archäologe von der Cornell University nach Peru gekommen war, hatte ich periodisch mit Alfredo, dem erfahrensten peruanischen Archäologen im Nordteil des Landes, zusammengearbeitet. Wir einigten uns deshalb sofort, das archäologische Feld in Tucumé aufzuteilen, so daß ich und meine Assistenten das Gebiet übernahmen, das die wenigsten monumen-

Rechts:
Auf allen Seiten und ganz oben auf dem natürlichen pyramidenförmigen Gebirge La Raya wurden Reste von alten Steinmauern und künstliche Terrassen gefunden. Unsere beiden nordamerikanischen Archäologen Peter Kvietok und Daniel Sandweiss starteten ein Riesenprojekt, das darauf hinauslief, diese gesamte voreuropäische Anlage zu kartieren. Es zeigte sich, daß das ganze Gebirge in der Inkazeit in Mauern und künstliche Plattformen eingekleidet war, so daß es sich wie die größte Pyramide der Welt ausgenommen haben muß.

talen Bauwerke aufwies und deshalb wahrscheinlich das Wohngebiet gewesen war. Ich wollte nach Spuren der Arbeitsstätten suchen, die zeigten, womit sich die einfachen Leute beschäftigten, was sie aßen und wie sie lebten.

Alfredo wollte mit seinem Team das Gebiet erforschen, in dem die meisten und größten Pyramiden konzentriert sind, um herauszufinden, wie und warum sie gebaut wurden und wie man sie nutzte. Mit anderen Worten: Als das Projekt Tucumé begann, erfolgte zuerst eine gründliche Kartierung des gesamten Ruinenkomplexes und seiner Umgebung. Das archäologische Feld war inmitten des breiten und fruchtbaren Lambayeque-Tals, einer Ebene mit ausgedehnten Feldern, die immer noch von den alten Kanälen bewässert werden, deutlich abgegrenzt als eine Wüsteninsel aus Sand und Adobe. Zentral zwischen den Pyramiden erhebt sich das La Raya-Gebirge mit einer Höhe von etwa 150 Metern, und die Ruinen der alten Bauwerke umkränzen das Gebirge und klettern ganz bis zu seiner Spitze empor.

Unter den Gebäuden in Tucumé dominieren die riesigen Adobepyramiden. Die höchste von diesen ist Huaca I, mit fast 50 Metern, aber die größte ist Huaca Larga, die etwas niedriger, aber etwa 400 Meter lang und fast 100 Meter breit ist.

Die meisten Pyramiden liegen unmittelbar nördlich und nordwestlich vom Gebirge. An der West- und Südwestseite befinden sich viele niedrige und formlose Hügel, die, wie wir jetzt wissen, unter Sand begrabene Gebäude sind, vielleicht Tempel oder Paläste für Adlige von niedrigerem Rang. In diesem Gebiet und an der Süd- und Südostseite gibt es etliche geplünderte Gräber. In östlicher Richtung befinden sich mehrere kleinere Adobepyramiden. Im oberen Bereich der Felswände stößt man auf zahlreiche Reste von kiesgefüllten Steinterrassen, die weiter oben zu kahlen Steinmauern werden. Vom Gipfel des La Raya kann man meilenweit in alle Richtungen über das flache Land schauen, mit den Vorläufern der Anden am östlichen Horizont.

Als das Projekt in Angriff genommen wurde, gingen wir deshalb davon aus, daß der nordwestliche Teil des Ruinengebiets einst das wichtigste Zentrum für religiöse Aktivitäten und monumentale Bautätigkeit war. Das Gebiet im Südwesten und Süden erweckte den Eindruck, daß hier die Wohnungen der Arbeiter, aber auch von Bewohnern lagen, die geholfen hatten, die enormen Monumente zu erbauen und die führende Schicht der Gesellschaft zu ernähren. Durch die Kombination unserer Erkenntnisse aus beiden Gebieten glaubten wir uns ein klares Bild davon

machen zu können, wie die komplizierte Gesellschaft in Tucumé funktioniert und warum sie existiert hatte. Wir wollten herausfinden, wie Tucumé in das hineinpaßte, was wir von anderen Kulturzentren im Lambayeque-Tal wußten.

Wenn wir jetzt die vorläufigen Ergebnisse betrachten, so zeigt sich, daß viele unserer Annahmen richtig waren. Wir sind jedoch auch auf etliche Überraschungen gestoßen.

Chronologie

Die Archäologen in Peru sind sich im großen und ganzen über folgende Datierungen für den späteren Teil der Vorgeschichte des Lambayeque-Tals einig: Von etwa 200 vor Christus bis etwa 700–750 nach Christus waren die Einwohner des Tals mit den Begründern der Moche- oder Mochica-Kultur verwandt. Deren Kultur verbreitete sich vom Moche-Tal

*Seite 54/55:
Die Westhälfte des Pyramidenkomplexes. Huaca I mit ihrer Rampe, von Westen gesehen, rechts vor einem namenlosen Nachbarn.*

*Rechts:
Als der erfahrene peruanische Archäologe Alfredo Narvaez die Leitung der Ausgrabungen am Fuße von Huaca I übernahm, beschloß er, in den künstlichen Hügel und unter die leeren Nischen zu gehen. Er entdeckte, daß der Hügel aus Tausenden von Adobeblöcken besteht, sorgfältig aufeinandergeschichtet und um eine Reihe aufrecht stehender Algarrobostämme gruppiert, die alle an ihrem oberen Ende verbrannte Reste von Baumwollstoff aufwiesen.*

aus, unmittelbar südlich von Chan-Chan, der späteren Hauptstadt des Chimú-Volkes, die wiederum ein paar hundert Kilometer südlich von Tucumé liegt. Die Mochica-Indianer gehörten im präkolumbianischen Amerika zu den besten Künstlern; besonders bekannt sind sie für ihre einzigartige Töpferkunst und ihre meisterhaften Gold- und Silberarbeiten. Die Grabbeigaben von Sipán sind ein gutes Beispiel für ihr hohes technisches und künstlerisches Niveau.

Gegen Ende der Mochica-Periode, um 600–750 nach Christus, war Pampa Grande das wichtigste Mochica-Zentrum im Lambayeque-Tal geworden. Im Gegensatz zu Sipán mehr im Innern des Tals gelegen, dort, wo dieses zu den Gebirgen hin schmaler wird, hat es eine günstige Position für die Kontrolle der Bewässerungskanäle und ist von Tucumé heute nicht länger als eine Autostunde entfernt.

Nachdem Pampa Grande um 750 nach Christus verlassen worden war, wurde das Machtzentrum im Lambyeque-Tal nach Batán Grande, nur 10 Kilometer nordöstlich von Tucumé, verlegt. Man sieht es deutlich vom Gipfel der Huaca Larga-Pyramide. Batán Grandes Blütezeit lag zwischen 900 und 1100 nach Christus Zu der Zeit wurden die Fürsten dieser Kultur mit tonnenschweren Gold- und Silberschätzen begraben.

Der größte Teil des peruanischen Goldes, das sich in allen Museen der Welt findet, stammt aus Batán Grande, das bis weit in das 20. Jahrhundert hinein kommerziell mit Baggern geplündert wurde. Die Nachkommen der letzten Gutsbesitzerfamilie in Batán Grande erzählen noch heute, daß in ihrem Elternhaus Feste stattfanden, zu denen sich Erwachsene und Kinder mit schweren Kronen, Brustplatten und allerlei Zierat aus reinem Gold schmückten.

Unlängst gelang es einem Amerikaner japanischer Herkunft, erstmals archäologisch eines dieser reichen Gräber in Batán Grande in 12 Meter Tiefe unter dem Hügel freizulegen. Wenngleich in diesem Grab neben anderen Kunstschätzen auch mehr als eine Tonne Kupfer, Silber und Gold gefunden wurde, so läßt doch die Qualität der Gegenstände erkennen, daß die Grabräuber früher auf weit bemerkenswertere Funde gestoßen sind.

Um 1100 nach Christus wurde die wichtigste Pyramide in Batán Grande durch Feuer zerstört und verlassen. Dieses geschah den Berechnungen der Archäologen zufolge, kurze Zeit, nachdem ein heftiges Niño-Jahr mit katastrophalen Flutschäden das Lambyeque-Tal verwüstet hatte. Allgemein nimmt man an, daß zu dieser Zeit Tucumé gegründet wurde. Die Radiocarbondatierungen, die uns bisher mit Hilfe von Baumstämmen, die

aus einigen Pyramidenwänden ragen, gelangen, ermöglichen uns Schätzungen, die zwischen 1000 und 1300 nach Christus liegen. Es ist jedoch schwierig, diese Daten mit bestimmten Bauperioden zu verbinden.

Das älteste Tucumé

Die Kulturtradition, die Tucumé nach der Mochica-Periode charakterisiert, ist oft Lambayeque-Kultur genannt worden. Es ist jene Kultur, die später drei verschiedene Invasionswellen erlebte, alle nach Gründung von Tucumé. Um 1350 nach Christus wurde das Gebiet durch das Chimú-Reich vom Moche-Tal aus erobert. In den Jahren nach 1470 breitete sich das Inkaimperium, im Zusammenhang mit der Eroberung des Chimú-

Bevor er den Boden erreicht hatte, war die Saison zu Ende, und selbst wenn er daran zweifelt, daß sich auf der Sohle des Hügels oder noch tiefer eine verborgene Kammer befindet, steht eine sichere Antwort noch aus.

Ganz oben auf Huaca Larga wurden Ruinen von Tempeln freigelegt. Überreste vieler Kökkenmöddinger zeigten, daß der Priesterkönig und sein Hof hier oben, auf der höchsten Plattform der Pyramide, ihren Sitz hatten, während das Volk unten in der Ebene wohnte.

Reiches entlang der Küste, über das gesamte Lambayeque-Tal aus. Schließlich passierten die spanischen Eroberer während ihrer Invasion in Peru 1532 Tucumé, und kurz darauf kontrollierten sie das gesamte Gebiet.

Während der Ausgrabungen in Tucumé stellten wir zu unserer größten Überraschung fest, daß die Okkupation während der Inkaperiode am umfassendsten war. Unter der Inkaherrschaft wurden viele Teile des Kulturgebietes geändert, und die Schichten, die sich an den Hängen des La Raya-Gebirges bis zu den Gipfeln hinaufziehen, stammen aus der Frühzeit der Bebauung. Im großen und ganzen wurde es für uns immer schwieriger, an Spuren von Aktivitäten aus der präinkaischen Zeit zu gelangen. Das liegt nicht nur daran, daß die Inka in der letzten Phase das gesamte Gebiet beherrschten. Es erklärt sich auch aus der Tatsache, daß es nicht immer einen markanten Übergang von einer Periode zur anderen gab, weil die Bevölkerung insgesamt der lokalen Lambayeque-Kultur entstammte. So haben Stilarten und Gebrauchsgegenstände, die ihren Ursprung vor 1150 hatten, oft sowohl die Chimú- als auch die Inkaokkupationen überlebt.

Dennoch sind wir auf gesicherte Hinterlassenschaften der frühen Einwohner Tucumés gestoßen. Bei Untersuchungen der Grabstätten auf der Südostseite des Feldes haben wir Gräber mit Keramik, die von den Inka beeinflußt war, gefunden. Sie lagen etwas höher als die Gräber, die Keramik in reinem Lambayeque-Stil, ohne Inkaeinflüsse, enthielten.

Oben auf Huaca I fanden wir Reste von Tempelwänden, die von einer dicken Schicht Sand bedeckt waren. Man hatte ihn vermutlich unten vom Hügel heraufgetragen, um die Pyramide völlig zu verbergen. Es war das erstemal, daß Reste eines Bauwerkes oben auf einer südamerikanischen Pyramide gefunden wurden. Wellenmotive und Reihen schwimmender Seevögel tauchten auf beiden Seiten einer niedrigen Wand auf, die eine Rampe zur obersten Plattform markierte. Das symbolische Wellenmotiv auf der einen Seite ist unter der Bezeichnung »anthropomorphe Wellen« aus der Kunst der präinkaischen Zeit wohlbekannt. Der sich brechende Kamm hat die Form eines stilisierten Menschenkopfes.

Kurz vor der Ankunft der Spanier hatten die Inka Tucumé erobert und den Tempel auf Huaca Larga übernommen. Sie errichteten neue Tempelwände aus unbehauenem Stein, mit denen die inneren Adobewände aus der präinkaischen Periode verdeckt wurden.

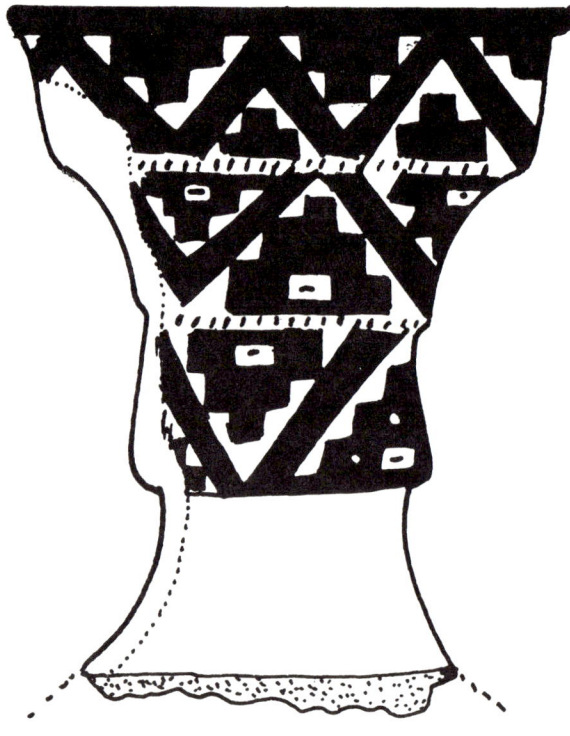

Und auf Huaca Larga konnte Alfredo drei deutlich getrennte Phasen in der Architektur definieren, die er – vorschlagsweise – mit den Lambayeque-, Chimú- und den Inkaperioden verbindet.

Die ältesten Bauten bestehen aus Adobe, dessen Kennzeichen ein schwach grünlicher Belag auf Wänden und Böden ist. Darüber hinaus sind die Bauwerke mit roten, schwarzen und weißen Wandmalereien dekoriert, darunter oft lange Friese tauchender Vögel.

Die letzte Phase, von der sich Spuren nur in einem begrenzten Gebiet oben auf Huaca Larga – umgeben von dicken Mauern aus großen Steinblöcken – fanden, repräsentierten eine architektonische Tradition, die den Adobepyramiden an Perus Nordküste fremd ist. Hinter den dicken Steinmauern entdeckten wir elegante Adobewände mit Freskomalereien. Und unter dem Fußboden im selben Raum waren die Skelette von 23 Weberinnen bestattet.

Diese Räume waren mit einer losen Masse gefüllt und zugedeckt. Sie bestand zum Teil aus einem Material, das von einer geplünderten Begräbnisstätte aus der Ebene geholt worden war. Das mühevolle Auffüllen muß

Als wir diese sekundären Steinmauern entfernten, traten die älteren Wände hervor, schön dekoriert mit Freskomalereien in Schwarz, Weiß und Rot, die konsequent dasselbe Motiv wiederholten: tauchende Seevögel mit dem Kopf nach unten und dem Schwanz nach oben und mit großen runden Augen, die typisch für das Sonnensymbol sind.

Alfredo entschied sich früh, die Arbeiten von Huaca I auf die oberste Plattform der mehr dominierenden Huaca Larga zu verlegen, die in den Erinnerungen und der Phantasie der Dorfbevölkerung eine zentrale Rolle spielt. Nach Westen hat man eine großartige Aussicht auf erodierte Pyramiden und den von Mauern umgebenen Tempelplatz.

– jedenfalls teilweise – in der frühesten Kolonialzeit erfolgt sein, da wir in der Füllmasse europäische Ohrringe aus Glas fanden.

In der obersten Schicht des aufgeschütteten Materials tauchten eindeutige Reste von Scheiterhaufen mit verkohlten Menschenknochen und Schädeln auf.

Die Wärme war so intensiv gewesen, daß sie die Adobewände rotgebrannt und das Glas im Sand zu Schlacken geschmolzen hatte. Das ließ die Erinnerungen an die Schrecken der ersten Spanierzeit aufleben, die noch heute in den Traditionen von Tucumé lebendig sind. Es gibt detaillierte Berichte über die ersten Christen, die sich unmittelbar nördlich der Rampe zur Huaca Larga niederließen und dort eine riesige Kathedrale bauten. Von ihr stehen heute nur noch die Wände. Auf der obersten Plattform der Pyramide entzündeten sie große Scheiterhaufen, wo sie diejenigen verbrannten, die sich nicht taufen ließen. Das gesamte Pyramidengebiet nannten sie *El Purgatorio*, das Fegefeuer, und lehrten die Einwohner, daß dies der Eingang zur Hölle sei.

Es war das Schicksal der Kathedrale, daß sie in historischer Zeit, während eines der schlimmsten Niño-Jahre, unter dem Ansturm der Wassermassen zusammenstürzte. Sie wurde zu einer düsteren Ruine, während die massiven Pyramiden wie eh und je triumphierend in den Himmel ragen.

Wenn noch mehr Holzkohlenproben analysiert sind und wir im Innern der Pyramiden eventuell noch weitere gefunden haben, werden wir vielleicht mehr über die Chronologie der Pyramiden von Tucumé wissen.

Alltag und Arbeit

Die Bevölkerung von Tucumé ernährte sich früher ebenso wie heute in erster Linie von der Landwirtschaft, obwohl auch damals die Fischerei eine Rolle spielte. Die normale Kost bestand hauptsächlich aus Mais, Kürbis, Bohnen, verschiedenen einheimischen Früchten; dazu kamen Fleisch von Meerschweinchen und aus der Gattung Lama, außerdem Fisch und Schalentiere aus dem Meer. Die von Alfredo ausgegrabenen gut erhaltenen Kökkenmöddinger, die Hinterlassenschaft der oben auf

Entlang der obersten Plattform auf Huaca Larga konnten geübte Augen in nördlicher Richtung zusammengefallene Tempelwände erkennen. Sie bildeten ein kontinuierliches Netzwerk, das sich bis an das Nordende des Bauwerks erstreckte, dorthin, wo sich die Pyramide mit einer zusätzlichen Etage erhob.

der Huaca Larga wohnenden Elite, zeigen, daß in den früheren Perioden Nahrung aus dem Meer den Vorrang hatte. Während der Besetzung durch die Inka gewannen dagegen Lamas und Meerschweinchen für die Ernährung an Bedeutung.

Zum Kochen der Nahrung wurden Tongefäße verschiedener Größen und Formen benutzt. Viele dieser Töpfe waren mit Hilfe der sogenannten Paddeldruck-Technik mit verschiedenen geometrischen Mustern verziert, wobei das Fischnetzmuster am häufigsten war. Neben der dekorativen Wirkung verlieh es der Oberfläche des Topfes eine Unebenheit, die ihn davor bewahrte, in der Hitze des Feuers zu zerspringen.

Große Tonkrüge wurden zur Bereitung von Chicha, einer Art Maisbier, benutzt, das überall in den Anden-Kulturen eine große Rolle spielte. Als die Spanier kamen, erfuhren sie, daß die einheimischen Häuptlinge jeden Tag ihre Untertanen mit Chicha versorgen mußten, bevor diese die Fronarbeit in Angriff nahmen. Mit anderen Worten – es war eine traditionsgebundene Regel: Kein Chicha, keine Arbeit!

Viele der Einwohner von Tucumé waren damit beschäftigt, Dinge zu produzieren, die im Ort gebraucht wurden. Im südwestlichen Teil des

Die Spinn- und Webausrüstung, die sich zusammen mit den 23 Weberinnen in den Gräbern auf Huaca Larga befand, war kunstfertig aus knochenhartem Algarroboholz geschnitzt.

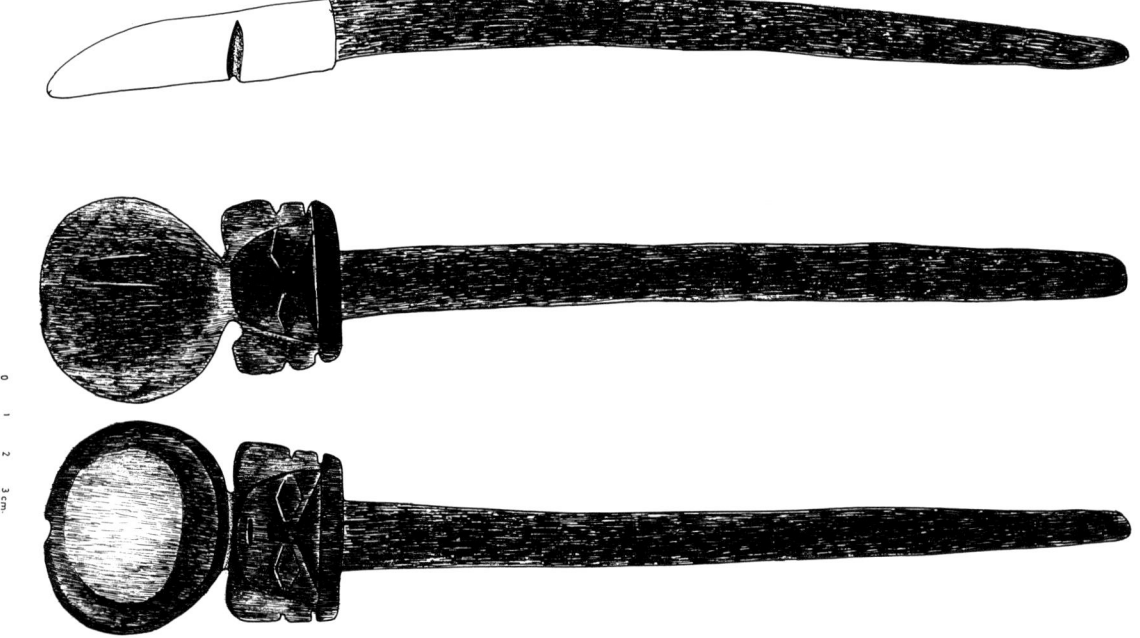

Gebiets haben wir einen Arbeitsplatz gefunden, wo Muschelperlen durchbohrt wurden, außerdem entdeckten wir Reste vom Kupferschmelzen und – vermutlich – von einer Keramikwerkstatt.

Die bereits erwähnten 23 Weberinnen waren oben auf der Huaca Larga zusammen mit Geräten bestattet, die für alle Stufen der feinen Textilherstellung verwendet wurden – vom Spinnrad über Teile von Geweben, Garnknäuel, Nadeln bis hin zu Kalk, mit dem die Fäden für die Verarbeitung vorbereitet wurden. Diese Frauen waren gewiß sogenannte *accla*, das heißt, Frauen, die vom Herrscher ausgewählt und in besonderen Zentren isoliert wurden, um für den Staat Luxusartikel zu produzieren.

Allein die Dimensionen der gigantischen Pyramiden reichten aus, um uns auf den ersten Blick davon zu überzeugen, daß hinter der alten Gesellschaft in Tucumé ein unglaublicher Organisationsapparat stand. Ein souveräner Herrscher verfügte über erfahrene Architekten, Techniker, Künstler und Experten in den verschiedenen Branchen; und tüchtige Organisatoren und Vorarbeiter koordinierten Zehntausende von Arbeitern, Bauern und Fischern aus allen Teilen des Lambayeque-Tals, die in Produktion, Transport und Bauwesen mit Millionen und Abermillionen von handgepreßten Adobeblöcken zu tun hatten. Zusätzlich zu diesem großen Organisationsapparat betrieb die Bevölkerung von Tucumé ausgedehnten Handel, Ausfuhr und Einfuhr zu Lande wie zu Wasser.

Handel und weite Reisen

Die Ausgrabungen in Tucumé haben gezeigt, daß die örtliche Bevölkerung ausgedehnte Kontakte längs der gesamten südamerikanischen Küste sowie zu den Hochebenen der Anden hatte. Spondylusmuscheln aus den tropischen Fahrwassern um Ecuador und weiter nördlich wurden im gesamten Gebiet gefunden. Wir haben viele Gründe anzunehmen, daß diese heiligen Muscheln mit Handelsschiffen des in der Region üblichen Typs eingeführt wurden.

Im südwestlichen Teil des Gebiets, für den ich verantwortlich war, fanden wir das gerissene, aber sonst gut erhaltene Ruderblatt eines kleinen Balsafloßes von genau derselben Art, die heute noch täglich an der Nordküste verwendet wird. Und in unmittelbarer Nähe gruben wir einen schwarzen Keramikkrug aus, auf dem zwei Männer in einem Schilfboot dargestellt sind.

Spondylusmuscheln aus den tropischen Gewässern vor der Halbinsel Panama und vor Ecuador wurden im voreuropäischen Peru, seit Beginn der frühesten Kulturen höher geschätzt als Gold. Sie lagen in einem Bogen um die Beine des Königs von Sipán, und wir fanden sie immer wieder in Gräbern, wo Tote sie in der Hand hielten oder an die Brust preßten.

Noch beeindruckender ist die von Alfredo in bestem Zustand ausgegrabene Adobemauer, die ein Hochrelief mit einer mythischen Szene zeigt. Hier sind Vogelmänner auf zwei großen Schilffahrzeugen abgebildet, umgeben von Fischen und Seevögeln. Ein symbolisches Motiv, das aus der präinkaischen Kunst bekannt ist, sind die sogenannten »anthropomorphen Wellen«. Einer Reihe von Details auf diesen neuentdeckten Reliefs verdanken wir wichtige Informationen über die Konstruktion der Boote, und vor allem darüber, wie man Ruderblätter und Kajüten flexibel gemacht hat, so daß sie der Gewalt des Sturms und der riesigen Wellen standhalten konnten. Zu Ehren der seetüchtigen Schiffe, die auf den bedeutenden Reliefs dominieren, wurde der niedrige Hügel, der diese Mauern bedeckt hatte, *Huaca Las Balsas* genannt.

Zwischen den Grabbeigaben, die Dan im Wohngebiet unter Hausgrundstücken fand, war etwas, das stark an ein abgeschnittenes Ruderblatt erinnerte. Aber ein alter Fischer erkannte es sofort als Ruder von einem der kleinen Flöße wieder, die aus drei oder fünf Balsastämmen bestehen und immer noch an der Küste nördlich von Tucumé benutzt werden.

Die Ausgrabungen haben auch Keramikscherben ans Tageslicht gebracht, die aus anderen Gegenden Perus stammen. Wir haben sowohl Keramik aus Cajamarca oben im Hochland als auch aus dem weit im Süden an der Küste liegenden Casma gefunden. Alfredo glaubt auch eine Scherbe aus Chachapoyas im Amazonasgebiet, wo er selber als Archäologe gearbeitet hat, wiedererkannt zu haben. Diese Funde können Handelswaren sein, aber wurden möglicherweise auch von sogenannten *mitimaes* mitgebracht, Bevölkerungsgruppen, die, wie wir wissen, in der Inkazeit von einem Teil des Landes in einen anderen umgesiedelt wurden.

Ganz spezielle Kultgegenstände, die mit Sicherheit nach Tucumé importiert wurden, sind die feinen kleinen Figurinen aus Silber und auch aus Spondylusmuscheln, die in dem kleinen Tempel am Fuße der Huaca Larga gefunden wurden. Ähnliche Figuren fand man zwischen Überresten aus der Inkazeit, meist oben in den Gebirgsregionen und sogar weit im Süden, wie in Cerro del Plomo in Chile.

Die prächtigen kleinen Frauengestalten, in dicken Wollkleidern und mit prunkvollen roten Federumhängen darüber, waren offenbar von den Inka hergestellt und kamen vermutlich aus dem Herzen des Inkareiches auf der Hochebene im südlichen Peru. Übrigens ist es bemerkenswert, daß, obwohl ein guter Teil der in Tucumé gefundenen Keramikgegenstände deutlich Inkaeinflüsse aufweist, anscheinend nur wenige von ihnen im Gebiet von Cuzco produziert wurden; die meisten waren an der Nordküste hergestellt und stellen eine Mischung von Inka- und älteren regionalen Elementen dar.

Begräbnisbräuche

Im Rahmen des archäologischen Projekts von Tucumé wurden innerhalb des Pyramidengebietes über hundert Gräber freigelegt. Die meisten befanden sich auf einem Begräbnisplatz auf dem südöstlichen Teil des Feldes. Die Bestattung erfolgte nach zwei verschiedenen Regeln: Körper und Gliedmaßen ausgestreckt, der Kopf zeigt nach Süden; Sitzstellung, das Gesicht nach Norden gewandt, dorthin, wo auf der südlichen Halbkugel die Sonne ihre Bahn zieht. Bei allen Bestattungen wurden Opfergaben aus Keramik mitgegeben; oft waren es phantasievolle Krüge, die speziell für diese Zeremonien gefertigt wurden. Viele der Toten hielten Spondylusmuscheln in der Hand. Oft gab man ihnen auch Nahrung mit ins Grab, entweder in Schüsseln aus getrockneten Kürbisschalen oder in Keramiktöpfen, die mit ebensolchen Schüsseln bedeckt waren.

Bei den Toten, die im südöstlichen Gebiet bestattet worden waren, handelte es sich um kleine Kinder bis hin zu älteren Erwachsenen. Einer von ihnen hatte eindeutig einen höheren Status als die anderen. Er lag in einer sorgfältig bereiteten rechteckigen Kammer, in der sich auch Überreste von Eckpfählen fanden. Neben kostbarer Keramik hatte man ihm ein Halsband aus Muschelperlen mitgegeben, eine Kupferplatte für die Brust und einen Nasenschmuck aus Gold. Dieser war ihm – zusammengefaltet – in den Mund gesteckt worden. An seiner Seite lag ein langer und dicker Holzschaft, mit einer zugespitzten, länglichen Kupferhülse am Ende. Es könnte ein Werkzeug zum Graben gewesen sein.

Die zweitgrößte Anzahl von Gräbern wurde auf dem Gipfel der Huaca Larga gefunden. Zusätzlich zu den Gemeinschaftsgräbern der Weberinnen unter dem Fußboden im südwestlichen Teil des Inkabaus entdeckte man unter dem Boden im nördlichen Raum vier Mumienbündel, jedes in seinem Grab.

In weit voneinander getrennten Teilen des Gebiets wurden hin und wieder Gräber von Einzelpersonen gefunden. Sowohl ganz oben auf der Huaca I als auch unten am Fuß – innerhalb der Überreste der hohen Mauer, die einmal den großen Tempelplatz auf der Südseite der Pyramide umgeben hatte – stießen wir auf Gräber, wo die Bestattungen vermutlich

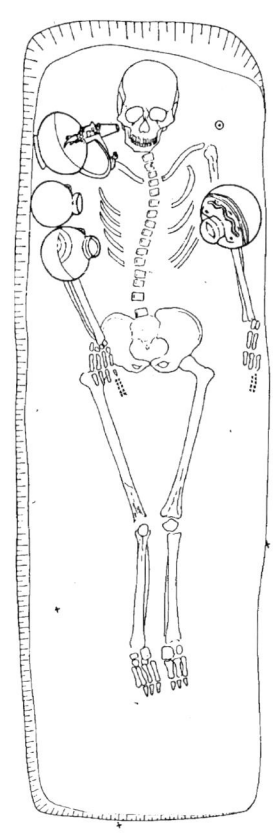

Unter dem hartgestampften Boden aus der Inkazeit fanden die Archäologen die Gräber von 23 jungen, aristokratisch geschmückten Weberinnen mit ihrer kunstreich verzierten Webausrüstung. Daß sie zur Oberklasse gehörten, verrieten die großen Ohrpflöcke in ihren künstlich verlängerten Ohrläppchen. Sie waren alle mit farbenfrohen Einlagen aus Muscheln und seltenen Steinen verziert, die aus fernen Ländern geholt worden waren.

Rechts: Eine Person, die in sitzender Stellung bestattet wurde. Sie hat eine Spondylusmuschel aus Ecuador oder Panama im Schoß. Weitere Grabbeigaben sind Krüge. Der Kopf ist abgefallen und liegt in der rechten Armbeuge. (Foto: German Carrasco)

erst später erfolgt waren. In diesem Gebiet und unmittelbar unterhalb der Wand der Pyramide gruben wir ein unregelmäßiges Netzwerk von kleinen und niedrigen Adobeeinfriedungen aus, die zu klein waren, um als Wohnräume gedient zu haben. Eine kompakte Schicht feiner Asche bedeckte sie.

In vielen Räumen wurden Scherben von großen Krügen gefunden. Außer einem Schädel und verstreuten Resten von Menschenknochen, die möglicherweise von den darüberliegenden erodierten Pyramidenterrassen gerutscht waren, fanden wir hier eine stattliche Anzahl gut erhaltener

Unsere gelehrige Mannschaft aus dem Dorf war bald beim Abpinseln der Skelette und der Grabbeigaben ebenso tüchtig wie die Archäologiestudenten, die wir für die Staatsuniversität in Trujillo unterwiesen. Fast die gesamte prächtige Keramik aus dem voreuropäischen Peru, die es auf der ganzen Welt in Museen und Privatsammlungen gibt, wurde von Grabräubern gefunden und von Experten, dem Prinzip der Typologie folgend, nach Gutdünken in die verschiedenen Regale der Museen

Kinderskelette. Sie lagen in ausgestreckter Stellung, und Alfredo vermutete, daß es Mädchen im Alter von einem Jahr waren, die man hier in späterer Zeit bestattet hatte.

Innerhalb der Wände des komplizierten Bauwerks, das ich im Wohngebiet ausgrub, fanden wir das Skelett einer jungen 12–15jährigen Frau, die als Opfer neben dem Adobemodell einer Pyramide örtlichen Typs bestattet worden war. Man hatte ihr Webgerätschaften und ein langes, schlaufenförmiges Halsband aus mehr als tausend kleinen Holzperlen mitgegeben. In diesem Gebiet fand ich auch einzelne Gräber von dem gleichen Typ, den Alfredo weiter im Südosten entdeckt hatte.

Die letzten Gräber, die wir bislang untersucht hatten, lagen, zum Teil geplündert, fast Seite an Seite in einem kleinen Hügel bei Huaca Las Balsas. Tief und mit unbehauenem Stein gefüttert, waren sie mit soliden Dachbalken abgedeckt. Sie enthielten Keramik aus der Inkazeit.

Adobe und La Raya

Adobe, sonnengetrockneter Lehm, war zweifellos das bevorzugte Baumaterial in Tucumé. Eine dicke Schlammischung aus Erde und Wasser wurde in Formen gepreßt beziehungsweise zu brotförmigen Schlammkuchen geknetet und zu steinharten Baublöcken getrocknet. Die gleiche

Die Archäologen erzählen 73

Lehmgrütze wurde auch als Mörtel zum Binden der Blöcke benutzt. Außerdem verwendete man sie zum Verputzen der fertigen Wände und des hartgestampften Fußbodens.

Alle Bauten in Tucumé wurden aus der gleichen einfachen Schlammmischung gefertigt, von den gewaltigsten Pyramiden bis hin zu den kleinsten Tempeln und Wohnungen. Die einzigen Ausnahmen waren die Anbauten aus der Inkazeit, die inneren Räume in dem älteren Adobetempel oben auf der Huaca Larga und die meisten Strukturen, die sich an den Flanken des La Raya-Gebirges hinaufzogen.

einsortiert. Als wir die Gräber öffneten, fanden wir im selben Grab nebeneinander Krüge höchst unterschiedlichen Typs.

Unten:
Bei den Ausgrabungen auf La Raya.

Dieses Gebirge, das im Zentrum des archäologischen Ruinengebiets liegt, ist nach dem legendären Rochen benannt, der, wie es die Volksphantasie bewahrt hat, im Gebirge wohnte. Der Rochen als Fisch hat einen zentralen Platz in Tucumés Kunst und Mythologie.

Die untersten zwei Drittel des Gebirges sind von kiesgefüllten Steinterrassen umgeben. Weiter oben befinden sich Bauwerke und Mauern, ausschließlich aus Stein. Auf einem östlichen Vorsprung des Felsmassivs finden sich Reste von steingepflasterten Plattformen, die sich übereinander mit Rampen und Treppen zu einer scheinbar natürlichen Formation erheben; diese erinnert an den Stein, der in dem kleinen U-förmigen Tempel am Fuß der Huaca Larga steht. Das muß ein sogenannter *huanca*, ein heiliger Stein, gewesen sein.

Weiter südlich, wo dieser östliche Vorsprung an die Gebirgswand stößt, fanden wir etliche Räume und terrassenartige Schrägen mit vielen kleinen Lagerkammern. Um den Gipfel des Gebirges ziehen sich Reste einer sechs Meter hohen Steinmauer. Massive Steinmauern blockieren auch den Aufstieg durch die beiden großen Schluchten, durch die man sonst leicht zum Gipfel gelangen könnte. Eine liegt in der direkten Verlängerung von Huaca Larga. Oberhalb der Verteidigungsmauern war eine senkrechte Platte oder ein Turm errichtet worden, zweifellos für Wachposten gedacht.

Die Funktion der Pyramiden

Wenn wir auch Tote beiderlei Geschlechts in den Gräbern auf Huaca I und Huaca Larga gefunden haben, können wir doch nicht mit Sicherheit sagen, inwieweit die Pyramiden als Grabmal für den Fürsten oder Priesterkönig, der die Errichtung des Bauwerks verfügt hatte, gedacht

Ein Technikerteam aus Norwegen fand mit Hilfe von Georadar heraus, daß sich in Huaca I eine ältere Struktur befand. (Foto: Jarle Ree)

waren. Bislang ist keine südamerikanische Pyramide bis auf den Grund geöffnet worden, wenn man von Plünderungen durch Grabräuber absieht. Und die haben die meisten Pyramiden verschandelt, entweder durch tiefe Krater von der obersten Plattform aus oder durch häßliche Seitendurchbrüche.

Das Innere der beiden großen Pyramiden in Sipán ist immer noch unberührt, da sich alle Ausgrabungen bislang auf einen kleinen seitlichen Hügel konzentrierten, wo die Grabräuber ihren ersten großen Goldschatz gefunden hatten und wo die Archäologen mit ihrer Rettungsarbeit folgen mußten. Das führte zum Fund des sogenannten Fürsten von Sipán und all seinen goldbedeckten Angehörigen. Immer noch werden in diesem Hügel Funde gemacht.

Ein Versuch Alfredos, von oben in die Huaca Larga einzudringen, mußte in einer Tiefe von acht Metern aufgegeben werden, da man befürchtete, daß der Schacht über der Grabungsmannschaft zusammenstürzen würde. Die Pyramiden in Tucumé sind wie ein Netzwerk von Zellen gebaut, die von Mauern und Adobeblöcken umgeben und mit Sand und loser Masse gefüllt sind. Auch eine von technischen Experten aus Ungarn in der Huaca Larga durchgeführte Probebohrung mißlang, da der Bohrer auf Steine in der Füllmasse stieß und so beschädigt wurde.

Ein Technikerteam aus Norwegen hatte mit einem Georadargerät auf

*Rechts:
Je weiter Dans gutgeschultes Team mit Kelle und Pinsel kam, um so mehr Schichten einzelner Wohnperioden tauchten auf, immer tiefer unter der Hügelsohle. Er war im Begriff, einen unterirdischen Tempel freizulegen, einen Typ, den man noch nie zuvor in der Neuen Welt gesehen hatte. Ganz unten befand sich eine gut erhaltene Grabkammer. Sie war von der gleichen Art wie das Königsgrab mit den Goldschätzen in Sipán und hatte drei Nischen auf jeder Seite.*

Huaca I mehr Glück. Man stellte fest, daß eine andere und folglich ältere Struktur in dieser Pyramide lag, ungefähr 20 Meter unterhalb der Spitze, auf halber Strecke zur jetzigen Ebene.

Unsere Studien an der Südwand bestätigten die Richtigkeit. Wegen der beträchtlichen Erosion ist es schwierig, genaue Maße festzustellen, aber die Südwand der Pyramide mit Anbau ist heute etwa 100 Meter lang und die Westwand rund 80 Meter. Die Südwand bildete den nördlichen Teil einer gigantischen Mauer, die um einen rechteckigen Tempelhof verlief.

Diese Adobemauer, die heute fast verschwunden ist, war einmal an ihrem Fuß 2,75 Meter dick und lief acht Meter über dem Hügel in ihrer Oberkante zu einer Breite von weniger als einem halben Meter aus. Man kann das deutlich an der Stelle erkennen, wo sie in der Westwand der Pyramide verschwindet – 7,50 Meter von der südwestlichen Ecke entfernt. Da sich die Mauer im Innern der Pyramide fortsetzt, ist sie älter als deren letzte Bauphase; also kann man folgern, daß die ursprüngliche Südwand 7,50 Meter vor der jetzigen Südwand der Pyramide liegt.

Das konnte uns Alfredo bestätigen, der in der Nähe der östlichen Ecke, wo die Außenwand stark erodiert war, in eben diese Wand ging. Dort fand er die Reste der älteren, ursprünglichen Pyramide, in gerader Linie, wo wir diese eingebaute Wand erwartet hatten. Die letzte Bauphase von Huaca I bestand folglich darin, die Höhe um etwa 20 Meter zu vergrößern, unter anderem dadurch, daß man einen 7,50 Meter dicken Kuchen aus Adobeblöcken auf die Außenseite der Südwand aufbrachtete. Wie bei allen anderen Pyramiden in Tucumé oder an Perus Nordküste führte eine für zeremonielle Anlässe gedachte Rampe zur obersten Plattform. Sowohl auf Huaca I als auch auf Huaca Larga gruben wir Reste von sorgfältig gearbeiteten Räumen aus, die mit Füllmasse zugeschüttet waren. Dabei konnten mehrere Bauphasen mit Verlegung von Rampen und Räumen festgestellt werden. Auf etlichen Pyramiden stehen noch heute solide Reste von Pfählen, die vermutlich die Träger für das Dach gehalten haben. Auf Huaca I hat Alfredo sogar Beweise dafür gefunden, daß der Eingang zu den Räumen durch Türen aus Holz verschlossen wurde.

Unabhängig davon, was uns das Innere der Pyramiden noch verbirgt, steht fest, daß die ein- oder mehrwinkligen Rampen zur obersten Plattform als Zugang zu den vornehmeren Räumen gebaut wurden. Diese dienten offenbar als Tempel und zweifellos auch als bewachte Wohnungen des Priesterkönigs. Wir können sicher sein, daß nur einige

wenige Personen, die der höchsten Elite angehörten, die oberste Plattform der Pyramiden betreten durften.

Eine reiche Ansammlung von Küchenabfällen, die schichtweise auf Huaca Largas langem Rücken abgetragen wurden, verraten, daß die Königlichen und ihr Stab dort oben gewohnt haben müssen. Es ist möglich, daß auch die Weberinnen, die unter dem Fußboden des obersten Gebäudes begraben worden waren, zu den Privilegierten innerhalb der Bevölkerung zählten, zu jenen, die auf das Gewimmel von Menschen und Lamas unten auf dem Hügel herabsehen konnten.

Das leere Grab erzählt

Unter den Unregelmäßigkeiten im Terrain, die meine Aufmerksamkeit in Anspruch nahmen, als ich mit den Ausgrabungen im Wohngebiet begann, war ein westlich vom La Raya-Gebirge gelegener niedriger, formloser Hügel, den ich »Vesthaugen« (Westhügel) nannte. Von der Oberfläche her glich er zahlreichen anderen Hügeln in dem Gebiet, doch als wir weitere Freilegungen vornahmen, stießen wir sofort auf Mauern

*Rechts:
Das Grab war leer, nicht einmal ein Knochensplitter oder eine Tonscherbe. Das war nicht das Werk von Grabräubern, sondern hier handelte es sich um die Wohnung einer hochstehenden Person, die täglich Zugang zu einem wichtigen Stammvater im Keller gehabt hatte. Bis zur Ankunft der Spanier pflegten die Inka in Peru den uralten Brauch, in jährlichen Prozessionen Mumien mit sich herumzutragen. Hier in Tucumé hatte der Hausherr beim Verlassen der Wohnung sowohl die Mumie als auch den Grabschatz mitgenommen und alle Räume mit Sand und Erde zugeschüttet.*

aus Adobeblöcken. Nachdem wir die Ausgrabungen nach allen Richtungen ausgedehnt hatten, war bald klar, daß wir es mit einem größeren Komplex von Gebäuden zu tun hatten, die mit Absicht zugeschüttet worden waren. Von 1989–1991 gruben wir uns langsam durch verschiedene Baustufen, die in zwei Hauptphasen aufgeteilt werden konnten, jede von ihnen mit verschiedenen Unterphasen. Unser Erstaunen war deshalb groß, als wir schließlich ganz auf dem Grund nur ein leeres Grab fanden, so sauber und ordentlich, daß kein Grabräuber hier gewesen sein konnte. Es zeigte sich, daß die leere Grabkammer viel zu erzählen hatte.

Sie lag nordsüdlich, war 2,75 Meter lang und einen Meter breit. An jeder Seite dieser zentralen Grabkammer lagen in einer Reihe drei Nischen, ein wenig erhöht und jede etwas unter einem Quadratmeter groß. Sowohl das Grab als auch die Nischen waren leer, abgesehen von Füllmasse aus späteren Bauten. Diese Form – eine versenkte Grabkammer mit erhöhten Nischen zu beiden Seiten – ist typisch für Elitegräber in den Begräbnistraditionen der Lambayeque-Kultur, und ich bin davon überzeugt, daß das Grab für eine Person von hohem Rang bestimmt war.

Von der Form her gibt es einen deutlichen Unterschied zwischen diesem Grab und der ortsüblichen Art der Beerdigung: Das Grab in Vesthaugen wurde nicht aufgefüllt. Im Gegenteil, es wurde offengehalten und vermutlich mit einem Dach abgedeckt, das geöffnet werden konnte. Eine steile Rampe auf der Westseite des Grabes führte hinunter zur Oberkante der Kammer. Anfänglich befand sich eine Struktur aus Pfählen an der Nordseite des Grabes.

Das gesamte Gebiet war möglicherweise von einer niedrigen Wand umschlossen gewesen; wir fanden eine solche Wand in einem Probeschacht, mehrere Meter nördlich von unserer Hauptgrabungsstelle. Im Lauf der Zeit waren die Anbauten an die Grabkammer komplizierter geworden, mit neuen Plattformen, Rampen und massiven Adobewänden. Der Fund von Kökkenmöddinger deutet darauf hin, daß innerhalb der Mauern des Gebäudes Menschen gewohnt hatten.

Dann war etwas geschehen.

Man entfernte den Inhalt des Grabes, die dazugehörigen Strukturen wurden teilweise nivelliert und mit Füllmasse zugedeckt, abgesehen von der größten Adobewand, die wiederverwendet wurde. Ein ganz neues Gebäude mit anderer Architektur – und vermutlich mit einer neuen Funktion – wurde über dem Grab errichtet, das jetzt ganz zugedeckt war.

Dieses neue Gebäude in zweiter Phase enthielt einen großen rechteckigen Raum von 12 x 21 Metern. Zugang zu diesem Raum hatte man durch

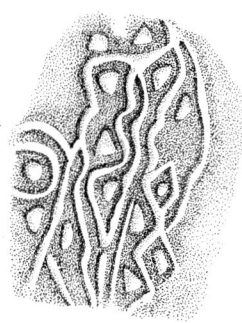

eine Reihe abgesenkter Gänge und Zickzackrampen, durch die man in die südwestliche Ecke des Gebäudes gelangte. Von hier kam man durch eine enge Passage und über drei einander im rechten Winkel folgende Rampen nach oben, kreuzte dann zum Gipfel der östlichen Wand hinauf und wurde schließlich über eine Rampe hinunter in die Haupthalle geleitet.

Dieser kompliziert gelegene Eingang verrät den ausgeprägten Wunsch, den Zutritt zum Hauptraum unter völliger Kontrolle zu haben. In diesem Raum befand sich eine stufenförmige Plattform mit Rampe, die zur ersten Bauphase gehörte. Eine junge Frau war, wie bereits erwähnt, neben diesem architektonischen Modell bestattet, vermutlich als Opfer. In der zweiten Phase wurde das Gebäude mehrfach umgestaltet. In seiner endgültigen Form enthielt es eine niedrige altarähnliche Struktur aus Lehm, die mitten in dem zentralen Raum lag. Kurz nachdem der Altar gebaut worden war, wurde ganz Vesthaugen gezielt mit Füllmasse zugedeckt, die einen beachtlichen Anteil von Küchenabfällen aufwies. Sie waren an dem Ort angefallen, wo man die Füllmasse geholt hatte.

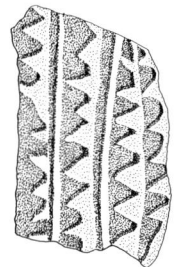

Die zeitliche Bestimmung der Bauperiode ist von den Resultaten unserer Radiocarbondatierung abhängig, aber ein paar Anhaltspunkte bieten der Inhalt der Füllmasse und die Architektur. Keine der Keramikscherben aus der ersten Phase (mit der Grabkammer) zeigt Inkaeinflüsse. Nach anderen Funden in Tucumé und in weiteren Teilen des Tals zu urteilen, könnten die Scherben, die wir identifizierten, aus der Periode um 1100–1532 nach Christus stammen. Einige der Scherben, die in den oberen Schichten entdeckt wurden – in der letzten Schicht an den Wänden aus der zweiten Bauphase –, zeigen Einflüsse der Inka, aber keine Spur von spanischer Beeinflussung.

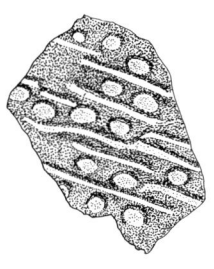

Vorläufig folgere ich daraus, daß das zunehmende Anwachsen der Strukturen um die Grabkammer auf Kontinuität in der gesamten ersten Phase hindeutet, während die Entfernung des Grabinhalts und Zerstörungen einen jähen Übergang zur zweiten Bauphase vermuten lassen. Ich stelle deshalb die These auf, daß Phase I zur Chimú-Periode gehört, die vor der Eroberung Tucumés durch die Inka lag. Die Form des Grabes aus Phase I und die dazugehörenden Strukturen haben überzeugende Ähnlichkeit mit den Begräbnisplattformen der höchsten Chimú-Elite in Chan-Chan, der Hauptstadt der Chimú im Moche-Tal.

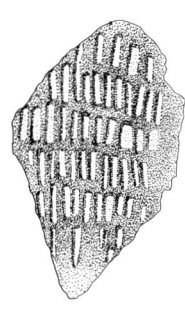

Wohin gelangte die Mumie aus Vesthaugen?

Grabräuber und später auch Archäologen haben deutlich gemacht, daß das Lambayeque-Tal in seiner frühesten Kulturperiode einige der reich-

Die Archäologen erzählen 81

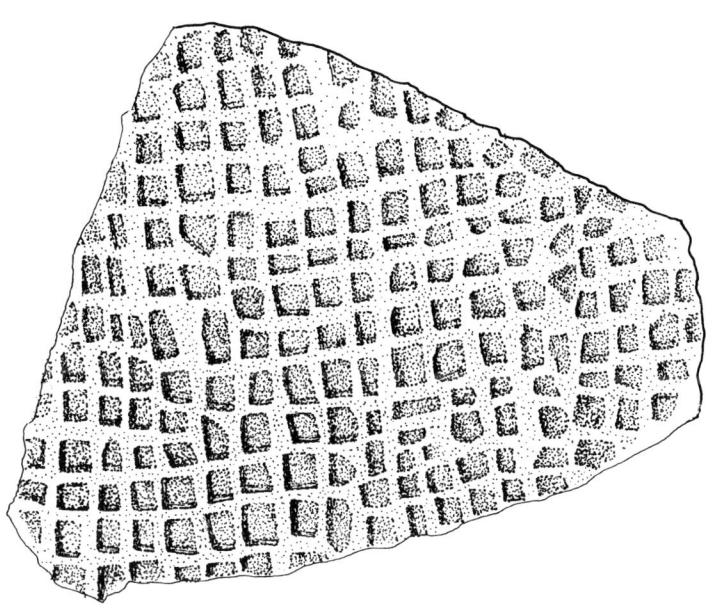

sten Grabkammern Amerikas enthielt. In den späteren Perioden hat man nichts Vergleichbares gefunden. Wohin verschwand das Grabgut der späteren Elite? – das ist eins der großen Mysterien des Tals.
Das leere Grab gibt uns eine Antwort: Die Inka nahmen es.
Die Zeit stimmt, und es war Brauch bei den Inka, die Mumien, die den eroberten Völkern gehörten, mit nach Cuzco zu nehmen. Eine offene Grabkammer ist im Grunde eine Einladung zum Raub – es sei denn, der Räuber gehört derselben sozialen Gruppe an wie die Mumie.
Unter den Inka und innerhalb anderer Stämme im Andengebiet behielten die Vorväter auch als Mumien die Macht und konnten so noch lange nach ihrem Tod Entscheidungen fällen. In diesem Zusammenhang wurden die Mumien bei bestimmten Anlässen ausgestellt, ja sogar in Prozessionen mitgeführt. Um dies zu ermöglichen, mußte die Mumie in einem Grab untergebracht werden, das in gewissen Abständen leicht geöffnet werden konnte, um das Mumienbündel je nach Bedarf herausnehmen oder zurücklegen zu können.
Die Struktur aus Phase I in Vesthaugen scheint der Aufbewahrungsort für die Mumie eines wichtigen Stammvaters gewesen zu sein. Dieses leere Grab in Tucumé ist ein stummer Zeuge für die wichtige Rolle der Mumie im Lambayeque-Tal vor der Ankunft der Inka.«
So schloß Dan Sandweiss seinen Bericht über das Resultat der vorläufigen Ausgrabungen in Tucumé.

Die Mumien auf Huaca Larga

Während Alfredo mit den abschließenden Laborarbeiten beschäftigt war, kehrte ich nach Tucumé zurück. Die Ausgrabungen waren eingeschränkt worden und erstreckten sich nur noch auf ein paar Probeschächte. Etliche

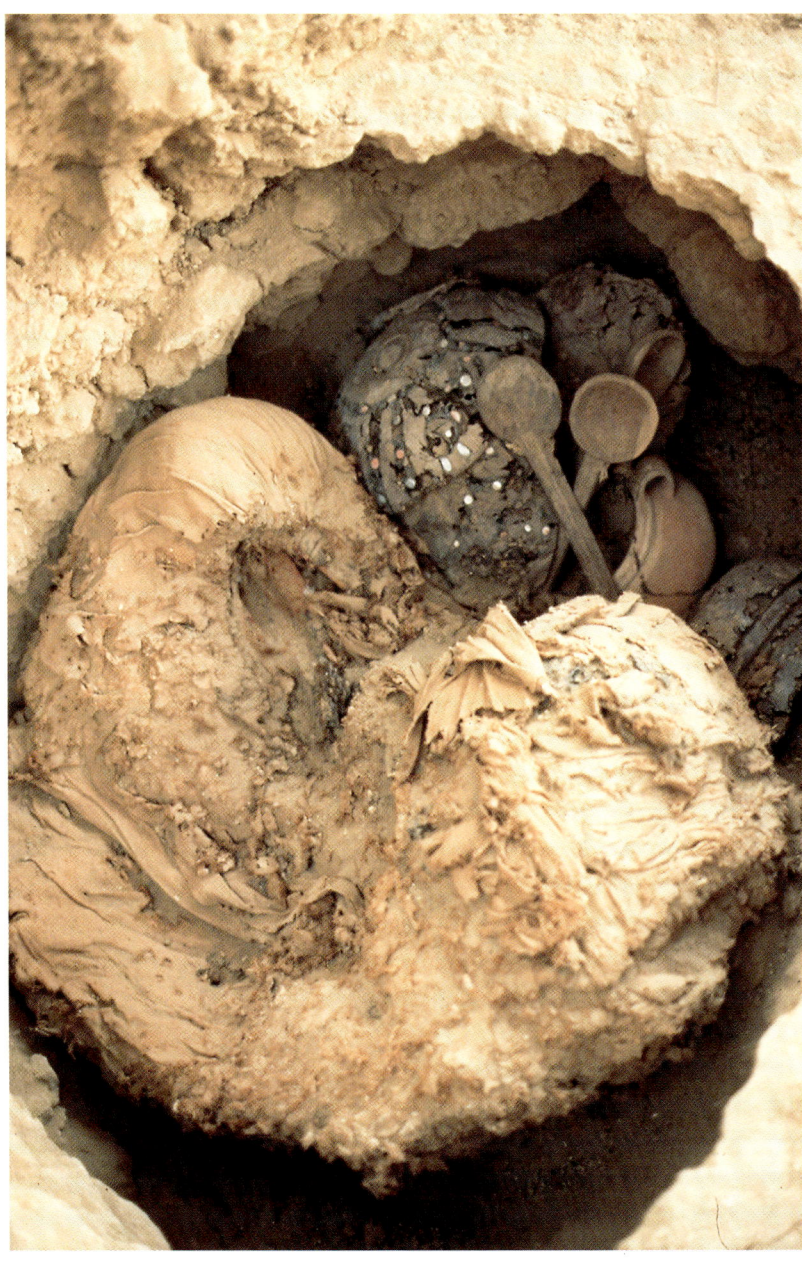

Auf der Nordseite der Gemeinschaftsgräber der Weberinnen fanden wir verschiedene Gräber mit zum Teil gut erhaltenen Mumienbündeln in schön gemusterten Baumwollstoffen. Krüge, Schalen und Holzlöffel lagen neben den Bündeln.

vermittelten neue Eindrücke von prächtigen Hochreliefs. Einige mit harmonischen geometrischen Mustern, andere mit künstlerischer Symbolik aus der Mythologie, woraus man schließen konnte, daß es sich hier um Einflüsse oder Hinterlassenschaften der Künstlern aus dem Sipán der Mochica-Zeit handelte.

An dem Tag, als ich wieder in Tucumé eintraf, bekamen wir Besuch von zwei peruanischen Mumienexperten. Maria Luisa Patron war Spezialistin für archäologische Textilien, Sonia Guillén hatte als Anthropologin langjährige Erfahrung im Öffnen von Mumienbündeln.

Mumienbündel waren auch für die Grabräuber in diesem nördlichen Teil von Peru etwas ungeheuer Seltenes gewesen. Und selbst mit all ihrer Erfahrung aus dem südlichen Teil des Landes hatte Sonia, als sie

Bevor wir die Mumienbündel öffneten, brachten wir sie in das Krankenhaus der nächstgelegenen Stadt, Chiclayo, wo wir sie von verschiedenen Seiten röntgen ließen. Wir konnten sie in embryonaler Stellung sehen, mit allen ihren Insignien, die vermutlich aus Gold waren: großem, mondförmigem Brustschmuck, der von Männern königlicher Herkunft getragen wurde, Tumis, die Häuptlinge hoher Herkunft als eine Art Zepter benutzten, neben Halsbändern, Pinzetten und anderen Luxusgegenständen aus Metall, wahrscheinlich Gold. Das Foto oben zeigt die Aufsicht auf den Kopf einer Mumie mit großen Ohrpflöcken und einem verbogenen Diadem aus dünnem Metall, das halb vom Kopf gerutscht ist.

Handschuhe und Staubmaske für diese Arbeit anlegte, keine wissenschaftlichen Vorschriften, nach denen sie sich hätte richten können. Sie begann mit dem unauffälligsten der vier Mumienbündel, die wir gefunden hatten. Zwei andere waren in einen mit zarten Figuren schön verzierten Baumwollstoff feinster Qualität gehüllt.

Bevor wir mit dem Öffnen begannen, hatten wir von allen Seiten Röntgenaufnahmen gemacht und festgestellt, daß die Mumien in embryonaler Stellung kauerten und daß man ihnen einige ihrer irdischen Besitztümer mitgegeben hatte. Sogar außerhalb der Mumienbündel hatten wir Grabbeigaben gefunden. Sie lagen in den Vertiefungen unter dem Fußboden, wo auch die Mumien versteckt waren. Dabei handelte es sich um einfache Krüge, Holzlöffel und einige prachtvolle Schüsseln aus Kürbisschalen mit eingelegten Muschelmosaiken, die Raubkatzen darstellten.

Die Röntgenaufnahme eines anderen Bündels zeigte deutlich, daß die Mumie auf dem Kopf eine Krone oder eine Art Diadem trug. Es war aus dünnem Metall, vermutlich Gold, und auf dem Schädel verrutscht, so daß es ein wenig schief saß. Es handelte sich um eine Person von königlicher Herkunft oder anderem hohem Rang, denn in den Ohren hatte sie riesige Pflöcke, auf der Brust eine große mondförmige Platte und in der Hand

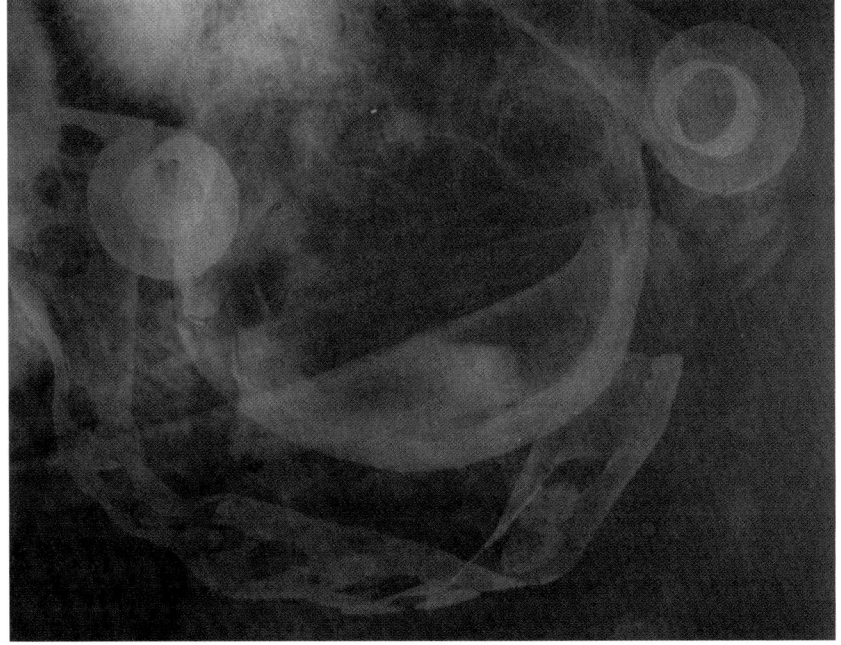

eine zeremonielle Handaxt mit krummer Schneide, den sogenannten *tumi*. Alles zusammen war vermutlich aus Gold. Außerdem waren ihr, neben anderen Gegenständen, die wir nicht eindeutig identifizieren konnten, eine große Muschel, Perlenketten und eine kleine, elegante Pinzette mitgegeben worden.

Das Mumienbündel, das Sonia als erstes öffnete, war in ein dickes Tuch aus ungefärbter, in breiten dunkelbraunen und gelbbraunen Streifen gewebter präkolumbianischer Baumwolle gehüllt. Zum Erstaunen aller konnte Sonia nur die äußerste Schicht lösen, denn es stellte sich heraus, daß alles, was innen lag, in einen harten Ball aus einer Art glasartigem schwarzen Pech eingeschlossen war. Schicht für Schicht des darunterliegenden Baumwolltuches mit farbenreichen Vogelmannmotiven schön gewebt, war aneinandergeklebt und mußte zusammen mit Klumpen der schwarzen Masse losgeklopft und abgekratzt werden, bevor der Inhalt nach und nach zum Vorschein kam.

Das erste, was aus der schwarzen Masse auftauchte, war eine große Anzahl von Kürbisschüsseln, die in alle Richtungen gefallen waren, und ein topfförmiges Tongefäß, das einmal mit einem Kürbisdeckel verschlos-

Entsprechend präpariert, um eine schnelle Zersetzung zu verhindern, erwies sich eine der Schüsseln als eine Kürbisschale, schön verziert mit schwarzen, spitzflügeligen Vögeln, deren runde Augen aus eingelegten weißen Perlmuttmuscheln bestanden.

sen gewesen war, den man mit einem dünnen weißen Tuch festgebunden hatte. Auf dem Boden des Topfes lagen Kopf und Haare eines Meerschweinchens. Die umgekippten Schüsseln waren sämtlich leer. Wir waren uns darüber einig, daß Feuchtigkeit von außen sowie die mitgegebene feste und flüssige Nahrung zusammen mit der Mumie in einer Art Gärung die erstarrte schwarze Masse produziert hatten, durch die sich Sonia an drei zehnstündigen Arbeitstagen vorsichtig hindurcharbeiten mußte.

Innen saß das nackte Skelett eines Mannes mit langem, welligem Haar, das immer noch fest an seiner Kopfhaut hing. Das Haar war nicht dick, steif und pechschwarz, wie man es bei einem Indianer erwarten könnte, sondern von einem dunklen Kastanienbraun, unglaublich fein und wellig, wie bei einer Dame.

»Die Inka hatten kurzes Haar«, bemerkte einer der Archäologen. »Der hier muß ein Zugereister gewesen sein«, fügte er scherzend hinzu. Das Haar war so lang, daß man es als das einer Frau angesehen hätte, wäre da nicht das Skelett gewesen, das uns vom Gegenteil überzeugte. Auf einer der schlechterhaltenen Kürbisschüsseln konnte man das Bild eines großen, schwarzen Katzenkopfes erkennen; außerdem fanden sich ein langstieliger Holzlöffel, eine große Meeresmuschel, und neben dem Kopf ein Tumi, das Statussymbol im Lambayeque-Tal. Mit Grünspan bedeckt, erweckte er den Anschein, als wäre er von Kupfer. Indes war er sorgfältig in ein feines weißes Tuch gewickelt und würde nach einer Reinigung im Labor vielleicht in Silberglanz erstrahlen. Das war auch mit den meisten der grünangelaufenen Miniaturfiguren geschehen, die wir als Opfergaben in dem kleinen Tempel am Fuß der Huaca Larga gefunden hatten. Wir waren davon ausgegangen, daß sie aus Kupfer seien, bis vor kurzem eine Reinigung in unserem Labor gezeigt hatte, daß nur einige in reinem Kupfer glänzten, während die Mehrzahl aus Kupfer bestand, das mit Silber plattiert war. Bei der Säuberung erwies sich die eine als Silberminiatur eines typischen doppelblättrigen *ao*-Paddels von der Osterinsel, das die Häuptlinge auf dieser Insel vor der südamerikanischen Küste bei zeremoniellen Anlässen trugen und das es nirgendwo sonst auf der Welt gab. In den präinkaischen Küstenkulturen Perus war die schwierige Kunst, Kupfer mit Gold und Silber zu plattieren, zur Meisterschaft entwickelt.

Mit der anhand des ersten und unauffälligsten der vier Mumienbündel von Tucumé gewonnenen Erfahrung, begannen Sonia und ihre Freundin die Arbeit an dem feinsten Bündel, auf dem schöne Motive von

  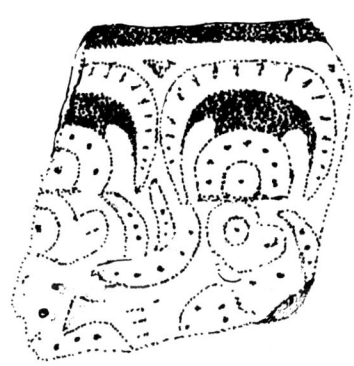

schwimmenden Fischschwärmen und Reihen anbrandender Wogen dargestellt waren. Wiederum war der Inhalt von der gleichen, glasartigen, pechschwarzen Masse zu einem kompakten Ball zusammengeklebt. Ähnliches hatte man in Peru bislang nicht gesehen. Und auch wenn die Antwort vom Labor noch aussteht, ist einigen von uns der Verdacht gekommen, daß Tucumés alte Mumienexperten auf die innersten Schichten der Mumientücher Pech aufgetragen haben könnten, um sie so gegen die Feuchtigkeit von außen zu imprägnieren. Als die Spanier kamen, fanden sie für ihre Schiffe natürliche Vorkommen an Pech, die den Indianern etwas weiter nördlich an dieser Küste bekannt waren.

Ein Häuptling im Federumhang

Als nächste Überraschung stellte sich heraus, daß die Mumie mit einem prächtigen Federumhang bekleidet war, von Mexiko bis Peru und auf allen polynesischen Inseln typisch für hochrangige Häuptlinge, ansonsten jedoch auf der ganzen Welt völlig unbekannt. Bislang hatten nur Grabräuber das Glück gehabt, in Peru Federumhänge zu finden, aber auch die nie im nördlichen Küstengebiet. Hier in Tucumé handelte es sich um einen Häuptling von hohem Rang, der genauso gekleidet war wie ein Häuptling von der Osterinsel. Der Umhang war so groß, daß er ihn völlig umschloß und er noch auf ihm saß. Der Häuptling thronte auf einer Holzplatte, auf der er vermutlich herumgetragen worden war. Der Mann war ein »Langohr«, mit großen Ohrpflöcken aus Silber. Sie hatten die Form einer runden Scheibe, die auf einem dicken, zylinderförmigen Schaft befestigt war. Dieser war durch das verlängerte Ohrläppchen geführt worden. Am gesamten Stillen Ozean waren es nur die

»Langohren« von der Osterinsel, die diesen Brauch hatten, aber bei ihnen waren die Ohrpflöcke aus Muscheln.

Auf dem Kopf hatte die Mumie eine kleine gefütterte Mütze aus roter Wolle mit einer langen Quaste, die auf die linke Seite herabhing. Das half unseren peruanischen Kollegen, ihn als den höchsten Repräsentanten des Landesteils, den Inkaherrscher von Cuzco, zu identifizieren. Spanischen Chronisten zufolge hatte kein anderer das Recht, diese spezielle Kopfbedeckung zu tragen. Die Person war offenkundig von so hohem Rang, daß man ihr selbst kein Essen mitgegeben hatte. Die erste Mumie, die wir abgedeckt hatten – eindeutig einer seiner vornehmen Höflinge – hatte Mengen von Nahrungsmitteln für seinen Herrn mitbekommen, sowohl in Keramikschüsseln als auch in Kürbisbehältern. Er war hochrangig genug, um die zeremonielle Tumi-Axt tragen zu dürfen, doch er hatte keine Pflöcke in den verlängerten Ohren.

Es war zweifellos ein merkwürdiges Gefühl, diese stattliche Person zu entkleiden, die – darüber waren sich alle einig – der letzte Herrscher von Tucumé und diesem Teil Nordperus gewesen sein mußte, bevor die Spanier in das Lambayeque-Tal einfielen. Der gesamte Stab von peruanischen Anthropologen, die uns bei dieser Unternehmung zur Seite standen, war tief bewegt, am meisten von allen die beiden weiblichen Experten, die den prächtigen Federumhang entfernten. Sie fanden unter ihm noch mehrere Schichten Federn neben zwanzig verschiedenen Baumwolltüchern, von denen fünfzehn um die Mumie gewickelt waren; die übrigen lagen ordentlich zusammengelegt neben ihr als Grabopfer.

Niemals hatten wir eine schönere Federarbeit gesehen als diesen vielfarbigen Umhang, an dem wir Federn von Flamingo und Papagei erkannten. Auf der Schulter- und Nackenregion waren hellrote, gelbe, grüne und weiße Federn in perfekten Karos und Kreuzen auf den Baumwollumhang genäht und bildeten ein außerordentlich schönes Muster. Der übrige Umhang mit den nach unten zu einander überlappenden, abwechselnd weißen und schwarzen Federstreifen wirkte wahrhaft majestätisch.

Der Federumhang des Inka-Häuptlings wird abgedeckt. Von links: Professor Arne Skjøldsvold und Direktor Øystein Johansen, Kon-Tiki-Museum; der Autor; der Archäologe Alfredo Narvaez.

Die rote Mütze wurde von einem Diadem oder breiten Silberband gehalten, an dem runde Scheiben baumelten, die Silbermünzen ähnelten. Eine riesige silberne Platte hing wie eine Mondsichel auf seiner Brust, wobei die Spitzen zu beiden Seiten des Halses ausliefen. Und der große Tumi, auch dieser aus Silber, war stärker und kunstvoller als der des Höflings. In jeder Hand hielt er eine große ungeöffnete Spondylusmuschel mit so gut erhaltenen Stacheln, als wäre sie ihm vor kurzem aus dem Meer vor Ecuador gebracht worden. Dort war den Spaniern erstmals ein Balsafloß begegnet, das mit Spondylus beladen und auf dem Weg nach dem weiter nördlich gelegenen Panama gewesen war. Dieser elegante Herrscher von Tucumé aus der Inkazeit hatte auch zwei Silberpinzetten bei sich, um überflüssige Haare auszuzupfen, und zwei zahnstocherartige Silbernadeln mit flacher Spitze, jede mit einem schönen Vogel an ihrem Ende, wovon der eine ein Reiher war. Wie die erste Mumie hatte der Mann langes, welliges und feines Haar von braunschwarzer Farbe.

Woher stammten diese langhaarigen Mumien, die wir auf dem Gipfel der Huaca Larga gefunden hatten? Jede hatte für sich in einer tiefen Grube unter dem Fußboden des Steintempels aus der Inkazeit gelegen. Dann waren die Spanier gekommen und hatten ihre großen Scheiterhaufen entzündet, um sogenannte Heiden direkt über ihren Köpfen zu verbrennen. Der hartgestampfte Erdfußboden war so dick gewesen, daß die Mumienbündel durch die Feuer keinen Schaden genommen hatten. Sie hatten eine Geschichte zu erzählen, die zweifellos mit der leeren Grabkammer in Vesthaugen zusammenhing. Beide Mumien waren umgebettet worden. Für Sonia war es nicht schwierig nachzuweisen, wie einige der Knochen verschoben und falsch plaziert waren. Dies konnte nur geschehen sein, *nachdem* sich die Mumien aufgelöst hatten, aber *bevor* Knochen und Grabbeigaben in der kompakten schwarzen Masse erstarrt waren. Diese Mumien hatten ihren Platz gewechselt und waren vermutlich in Prozessionen mitgeführt worden, bis sie schließlich auf dem Gipfel der Huaca Larga, unter dem Fußboden des Palasts, in dem sie gelebt hatten, ihre letzte Ruhestätte fanden.

Das Schicksal hatte es gewollt, daß es dem letzten federbekleideten Regenten von Tucumé erspart blieb, von Christen auf dem Scheiterhaufen verbrannt zu werden oder, wie der Gipfel der Pyramide, von Wind und Regen verzehrt, im Nichts zu verschwinden. Sein prächtiger Federumhang sollte ihm wieder angelegt werden, und auch seine Meeresmuscheln sollte er wieder in Händen halten, um von all seinen Nachfahren in Tucumé als ein Symbol für kommende Generationen bewundert zu werden.

3
Tucumé lebt weiter

Blicken wir auf das vorläufige Resultat von drei Jahren archäologischer Feldforschungsarbeit in Tucumé zurück, dann ist es offensichtlich: Wir können die Vorgeschichte des Lambayeque-Tals nicht verstehen, wenn wir nicht ihren Zusammenhang mit den Kulturen ringsum begreifen. Die Entwicklung dieser hochstehenden Kultur darf nicht als ein isoliertes regionales Phänomen betrachtet werden.

Die Frage, ob eine Form von Kontakt zwischen den vielen verschiedenen präinkaischen Kulturen bestanden hat, war ein umstrittenes Thema, seit die Forscher A. Stübel und M. Uhle Ende des neunzehnten Jahrhunderts die Grundlagen für eine peruanische Archäologie schufen. Schon bald verbreitete sich die Tendenz, davon auszugehen, daß jede der Kulturen unabhängig von den anderen in ihrem Tal entstanden sei, und man schob denen die Beweislast zu, die von einem inneren Zusammenhang ausgingen.

Der Grund dafür lag in der Spezialisierung. Nach und nach wurde die Archäologie zu einer selbständigen Wissenschaft, und ganz allgemein bot die Anthropologie Spielraum für detaillierte Forschung und Spezialisierung. Von da an wurde es leichter, charakteristische Züge zu entdecken, durch die sich die Kulturen verschiedenen geografischen Gebieten und kulturellen Epochen zuordnen ließen. Die vagen gemeinsamen Züge verschwanden unter den forschenden Augen der Spezialisten. Oft verloren sie diese panperuanischen Besonderheiten aus dem Blick, die, von außen gesehen, die andischen Kulturen von den Kulturen der übrigen Welt unterschieden.

Die Ansicht der Isolationisten

Um die Mitte unseres Jahrhunderts verfügten die Forscher über Ergebnisse von vereinzelten Probeausgrabungen. Sie ergänzten die Studien an dekorativen religiösen Kunstgegenständen, die von *huaqueros* ans Tageslicht gebracht worden waren. Eine strengere Klassifizierung erforderte

eine neue Terminologie. Sie teilte die präinkaischen Kulturen an der Küste und im Hochland in immer kleinere geografische und chronologische Einheiten auf, die auf stratigrafischen Befunden und Carbondatierungen basierten. In dem Maße, wie die präzise archäologische Information zunahm, begannen die meisten Forscher die verschiedenen präinkaischen Kulturen als eine Reihe von getrennten Phänomenen zu betrachten.

Die Geografie der Anden begünstigte diese Auffassung. Himmelhohe Felsketten sonderten die Stämme im Hochland von denen an der Küste ab. Und längs der Küste des Stillen Ozeans gab es riesige Strecken reiner Wüste und unüberwindliche Küstenklippen, welche die Strände des einen offenen Tals von denen des nächsten trennten.

Alles lag weit voneinander entfernt, und jedes Gebiet hatte seinen typischen identifizierbaren Kunststil. Überall waren die Menschen der Vergangenheit anonym, bis sie nach ihrer Stilart klassifiziert wurden. Oft erhielt die Bevölkerung ihren Namen nach dem Keramiktyp, den sie produzierte. Typische Beispiele dafür sind: Black Chimú, White on Red, Gloria Polished Plain und San Nicolas Molded.

Es wurde üblich, jedem Tal seine eigene »formative« Periode zuzugestehen, das Stadium, in dem die vormals Primitiven feste Ansiedlungen gründeten und in dem es erste Zeichen von Landwirtschaft und Töpferkunst gab. Von dieser ersten Periode an entwickelte jedes der Gebiete seine eigene Kultur, unabhängig voneinander, aber mit parallelen Linien, bis die Inka kamen und sie alle mit Gewalt vereinigten.

Diese Deutung aus der modernen Zeit paßte gut zu dem irreführenden Eindruck, den die spanischen Chronisten bei ihrer Ankunft im sechzehnten Jahrhundert gewannen. Sie kamen in ein Peru, das völlig von den Inka beherrscht wurde. Es war zu spät, um erfahren zu können, wieweit

Der Autor verläßt zu Pferd den Tempelplatz am Fuß von Huaca Larga, der von den Überresten riesiger Mauern umgeben ist.

Rechts:
Von den frühesten Zeiten an war Fisch in den peruanischen Küstenebenen ein wesentlicher Bestandteil der Nahrung. Hier halten Dan und seine Assistentin, die peruanische Archäologin Diana, die Reste eines präkolumbianischen Fischernetzes in Händen, das sie tief unten in der Füllmasse der zugeschütteten Häuptlingswohnung fanden. Fischgräten und Muscheln tauchten bei allen Ausgrabungen im Wohngebiet auf.

andere Dynastien ihren Einfluß auf das Land geltend gemacht hatten, als sie auf dem Höhepunkt ihrer religiösen und politischen Macht standen. So schrieben sie statt dessen die panperuanische Behauptung nieder, der präinkaische Priesterkönig Kon-Tiki Viracocha habe vom bolivianischen Tiahuanaco aus über das Gebiet geherrscht, das später Inkaterritorium geworden sei, bis sich seine Spur vor der Nordküste von Ecuador auf dem Stillen Ozean verlor. Viele moderne Forscher betrachteten diese spezielle nationale Tradition als fragmentarische Erinnerung an eine kulturelle Streuung vom Titicaca-Gebiet, da die Archäologen die sogenannte »Coast Tiahuanaco«-Keramik an der Nordküste des Inkareiches Peru fanden.

Eine maritime Kultur

Die Auffassung der Isolationisten hatte schon zu der Zeit an Terrain verloren, als im Lambayeque-Tal umfassende Ausgrabungen in Angriff genommen wurden. Es war üblich, von den Ruinenstädten Tiahuanaco und Chavín de Huantar als von Kult- und Kulturzentren mit großem Einfluß auf das gesamte Hochland zu sprechen. Viele glaubten sogar, daß sie, so wie die Inka, ihren Einfluß vom Hochland aus zur Küste ausgedehnt hätten. Trotz der Höhe und Wildheit der Felsklippen im Lande nahm man an, es sei leichter gewesen, diese zu überqueren, um in die Küstentäler zu gelangen, als mit primitiven Flößen entlang der ungeschützten Küste des Stillen Ozeans von einem Tal zum andern zu reisen. Die These, daß die Küstenkulturen dem Meer den Rücken und dem Land das Gesicht zuwandten, wird indessen durch die archäologischen Funde in Tucumé nicht bestätigt. Obwohl das Pyramidenfeld 20 Kilometer vom Meer entfernt liegt, wo der legendäre Landeplatz für König Naymlaps Balsafloß war, ergab unsere erste Erkundung des gesamten Tempelgebiets, daß auf dem Hügel Bruchstücke von Meeresmuscheln verstreut waren. An einigen Stellen war der Hügel vollkommen von ihnen bedeckt. Bei den Ausgrabungen kamen Gräten, Teile von Fischnetzen und tropische Spondylusmuscheln ans Tageslicht. Kunstmotive in Keramik, Holz, Adobereliefs und Wandmalereien illustrierten immer neue maritime Besonderheiten: tauchende und schwimmende Seevögel, anthropomorphe Wellen und andere realistische und symbolische Meeresmotive.

Es war deutlich, daß die ursprüngliche Kultur in Tucumé in hohem Maße auf maritimen Aktivitäten basierte. Fischerei und Handel zu Wasser und zu Land waren für die Bevölkerung in Tucumé vor Ankunft der Europäer mindestens ebenso wichtig gewesen wie die Landwirtschaft.

Die enorme Menge von zerbrochenen Strandmuscheln rief den in der Naymlap-Tradition wiederkehrenden alten Brauch in Erinnerung, daß ein König erst dann seinen heiligen Fuß auf den Boden setzen durfte, wenn ein königlicher Diener vor ihm herging und Muscheln auf seinen Weg streute. Unsere einheimischen Arbeiter versicherten jedoch, daß diese winzigen Muscheln in Tucumé seit jeher eine Delikatesse waren.

In Morrope, auf halber Strecke zwischen Tucumé und dem Meer, gehen die Leute immer noch an den Strand hinunter und graben diese Muscheln mit löffelförmigen Stäben aus. Solche kleinen Muscheln werden zusammen mit frischem und sonnengetrocknetem Fisch fast täglich mit Lastwagen nach Tucumé und von dort auf Eselsrücken zu all den abseits im Wald gelegenen Ansiedlungen gebracht. Die alten Traditionen leben in Tucumé weiter, und Fisch aus dem Meer ist immer noch ein wesentlicher Bestandteil der einheimischen Kost.

»Die Menschen möchten, daß du hierbleibst!«

In dem Maße, in dem unsere archäologischen Ausgrabungen fortschritten, wurden alle am Tucumé-Projekt Beteiligten nach und nach als aktive

Mitglieder der Dorfgemeinschaft von Tucumé betrachtet. Das Projekt wuchs, wir hatten zeitweilig bis zu einhundert einheimische Männer angestellt und wurden mit ihren Familien bekannt. Alle luden uns ein; in diesem Dorf, wo wir anfangs nie eine offene Tür oder ein Fenster ohne geschlossene Läden gesehen hatten, brachte man uns Freundschaft und Gastfreundlichkeit entgegen.

Nachdem sich die Türen geöffnet hatten, konnten wir sehen, daß in vielen Häusern beim Eingang ein Ladentisch stand. Dort lagen zum Verkauf ein paar Waren wie Seife, Streichhölzer, Kerzen, Süßigkeiten, Brause und hin und wieder ein Stoffballen. Winzige Gucklöcher und solide Eisenstangen vor der Tür zeugten davon, daß die Leute aus eigener böser Erfahrung Lehren gezogen hatten.

So stellte sich heraus, daß sich mitten unter den friedlichen Einwohnern von Tucumé ein Nest gefürchteter professioneller Straßenräuber befand. Das Vermögen, das die Räuber nachts beim Überfall auf Lastwagen verdienten, half ihnen auch aus dem Gefängnis, sobald ein paar ehrliche Polizisten sie auf frischer Tat ertappt und eingesperrt hatten. Jede Nacht verschwanden ein Pferd oder eine Kuh, eine Ziege oder ein Truthahn – und alle wußten, wer die Diebe waren.

Einmal hatte einer von diesen dreisten Verbrechern in einer mondlosen Nacht mein kleines Lastauto bei voller Fahrt durch die dunklen Straßen von Tucumé überfallen. Wir waren auf dem Weg vom Flugplatz in Chiclayo nach Hause. Mein wichtigster Koffer, voll von wissenschaftlichen Akten, unersetzlichen Fotografien und Manuskripten, wurde gestohlen. Pizarro, mein Chauffeur, der aus Tucumé stammte, wagte sich sofort in das dunkle Dorf zurück und fand an der Ecke, wo wir abgebogen waren, eine Bande von vier maskierten Männern. Mit dem Messer an der Kehle versprach er, am nächsten Tag vor Mitternacht 400 amerikanische Dollar Lösegeld zu zahlen, und erhielt den Koffer zurück.

Ich weigerte mich, den Dieben, die mich bestohlen hatten, Lösegeld zu zahlen. Pizarro und seine Familie sollten aus Sicherheitsgründen zu mir auf das umzäunte Land ziehen. Die Nachricht von der Bedrohung verbreitete sich schnell, und der Chef der Polizei in Nordperu bot mir Polizeischutz an. Ich lehnte ab und sagte, daß ich wie die anderen Leute in Tucumé leben wolle. Wenn sie nicht in der Lage wären, die Gangster aus ihrem Dorf zu jagen, würde ich Peru verlassen.

Diese Worte hatten eine spontane Wirkung über alle Erwartung. Am nächsten Tag kamen jung und alt in großen und kleinen Delegationen aus dem Dorf und den umliegenden Orten, um mir das Versprechen abzu-

Der feste Stab des Tucumé-Projekts. Hinten in der Mitte: Alfredo, Jacqueline, der Autor und Dan. Im Hintergrund ragt die Dorfpyramide auf.

nehmen, daß ich sie nicht verlassen würde. Die erste Delegation, bestehend aus 80 Männern und Frauen jeden Alters, wurde in das Haus gelassen, bevor ich mir darüber klar war, wie viele es waren. Einen Augenblick standen sie da, die großen Hüte in den Händen, ohne zu wissen, was sie sagen sollten. Dann richteten sie sich alle gerade auf und begannen die Nationalhymne zu singen. Das war ergreifend.

Die letzte Delegation, die der Wachmann an diesem Tag einließ, bestand aus zwei kleinen Mädchen, sechs und acht Jahre alt. Als ich fragte, ob sie Brause haben wollten, vergaßen sie alles, was sie hatten sagen sollen. Aber als sie gingen, drehten sie sich plötzlich um und sagten wie aus einem Mund: »Die Menschen möchten, daß du hierbleibst!«

Ich schickte sie ins Dorf zurück, mit der Botschaft, daß ich selbst auch bleiben wolle.

Die Wohnungen der Tucumanen

Von nun an wurde ich als Tucumane und als ihnen gleichgestellt betrachtet. Und ich begann mich wie einer von ihnen zu fühlen.

Selbst diejenigen in der Gruppe, die keine Peruaner waren, wurden als *mitimaes* gutgeheißen, ein uralter Ausdruck für Einwanderer. Schon seit den Inka wurden alle so genannt, die woanders her kamen und in die einheimische Gesellschaft aufgenommen wurden.

Seite 98/99: Menschen und Tiere an der Peripherie von Tucumé. (Foto: Jarle Ree)

Wir gingen in ihren Häusern, die sich in den Dorfstraßen aneinanderdrückten, und in Hütten, die ringsum verstreut im Wald lagen, ein und aus. Die Häuser in den Dorfstraßen sind mit der gleichen Art sonnengetrockneter Adobeblöcke errichtet wie die in unmittelbarer Nähe liegenden Pyramiden. Außerhalb des Dorfes bestehen die Wände der Hütten oft nur aus mit Schlamm bedecktem Bambusrohr, das genauso dicht gefügt ist wie Adobeflächen. Sie sind geräumig, sauber und malerisch, und es sieht so aus, als wüchsen sie unmittelbar aus dem sandigen Boden hervor, in Harmonie mit den grünen Mangobäumen und den Riesenblättern der Bananenpflanzen. Die Fenster sind klein oder fehlen völlig, aber die intensive Tropensonne dringt durch die Tür und die Erde auf dem Dach. Von der Straße aus wirken die Häuser mit ihrer einzigen Tür und dem winzigen, wenn überhaupt vorhandenen von Läden verdeckten, Fenster klein.

Wenn wir früher gesehen hatten, daß Pferd, Kuh und Ziege bei Sonnenuntergang durch die Tür getrieben wurden, fragten wir uns, wo für sie wohl Platz sein könnte.

Als wir dann häufiger eingeladen wurden, kamen wir immer zuerst in einen großen Aufenthaltsraum, der für Zusammenkünfte berechnet und mit einem langen Tisch und Bänken und Stühlen längs der Wände möbliert war. Sonst war der Raum leer und die Fußbodenfläche frei für Tanz. Nach hinten öffneten sich weitere Zimmer, in einer langen, schmalen Reihe, die sich quer durch den gesamten Komplex bis zu der Straße auf der anderen Seite zog.

Hinter zwei oder mehreren Schlafräumen und einer Küche mit riesigen Tongefäßen und glühenden Holzscheiten auf der Feuerstelle gelangte man in einen kleinen, offenen Hinterhof. Hier gab es Hühner, Enten und Truthähne, denen jene größeren Tiere Gesellschaft leisteten, die wir durch die Haustür hatten hineingehen sehen. Und hier gab es auch einen kleinen Schuppen mit einem tiefen Loch in der Erde, wo die Familie ihre Notdurft verrichtete.

Diese eigenwillige Architektur war selbst dort, wo es keine Dorfstraßen gab, so verbreitet, daß sie aus alten Zeiten übernommen sein mußte. Dadurch wurde auch die Vermutung bestätigt, daß Diebstahl in dieser Gegend kein neues Phänomen war. So gibt es für Diebe keine andere Möglichkeit, in ein Haus einzudringen, als über das flache, schlammgedeckte Dach. Und hier halten die Tucumanen ihre Wachhunde. Einige von ihnen gehören mit ihrer grauen, haarlosen Elefantenhaut derselben eßbaren Rasse an wie die Hunde ihrer ältesten Vorväter. Die Archäologen

Die Peruaner lieben Feste und Unterhaltung. Hier zwei Tänzer bei einer Vorstellung. (Foto: Jarle Ree)

zeichneten Pläne von den Häusern in Tucumé, um leichter die Anlage der Mauern und Pfahllöcher deuten zu können, die sie um und auf den Terrassenpyramiden ausgruben.

Alltag und Fest

Wir teilten die echten Freuden des Lebens mit den Tucumanen. Wir aßen mit ihnen an den langen Tischen, für gewöhnlich in höflicher Stille, so daß sich alle auf die Gaumenfreuden konzentrieren konnten. Und wir lernten die Kunst, elegant mit drei Fingern zu speisen, im besten Fall assistiert von einem Löffel. Die Lieblingskost besteht aus soliden Stücken von Ziege oder Ente, serviert mit Bohnen und Reis oder *seviche*, roher Fisch, zubereitet mit Limetten, Zwiebeln und Chilipfeffer. Alles wird rasch hinuntergeschluckt, wenn der Zeitpunkt da ist, um aus der großen *calabaza*-Schüssel Chicha zu trinken. Chicha ist noch immer das Nationalgetränk, und sein Geschmack ist weit besser als sein Aussehen. Es ist ein graues, gegorenes Gebräu aus Mais, das in der Schüssel reihum mit zeremonieller Höflichkeit weitergereicht wird.

Weder jung noch alt in Tucumé versäumen einen Anlaß zum Feiern. Die Männer, hin und wieder auch die Frauen, sind hervorragende Redner. Sie genießen es ebenso, selbst zu reden, wie anderen zuzuhören, haben einen ausgesprochenen Sinn für Humor und begrüßen Witze zu jeder Gelegenheit. Geburtstage beginnen mit dem Knallen von Raketen und enden mit einem feierlichen Essen und Tanz. Aus den Lautsprechern gellt die Musik, so daß man selbst in der abgelegensten Hütte Tucumés weiß, wo gefeiert wird. Für diese Gelegenheit werden Diskoanlagen mit Lautsprechern ausgeliehen. Um möglichst viel für das Geld zu bekommen, werden sie auf maximale Lautstärke gedreht. Wer von uns teilnimmt, dem platzen beinahe die Trommelfelle, so daß man sich fast taub fühlt, wenn man nach stundenlangem Feiern endlich hinaus in die Stille kommt.

Das Abfeuern von Raketen und das Schießen mit Gewehren beginnt oft lange bevor der Hahn kräht. Wir mußten unsere Gäste über diesen Brauch informieren, nachdem mehrere von ihnen, als sie mitten in rabenschwarzer Nacht von einem Bombardement erwacht waren, angenommen hatten, es wäre »Der leuchtende Pfad«, der angriffe. Raketen benutzt man sowohl um Sterbliche auf der Erde als auch Engel im Himmel zu feiern. Wenn jemand an demselben Tag wie ein Heiliger Geburtstag hat, muß er seine Raketen und Schüsse möglichst bald nach Mitternacht abfeuern, um gehört zu werden, bevor all die anderen zu Ehren des Heiligen mit der Schießerei beginnen.

Die katholischen Priester in Lateinamerika haben es seit jeher gut verstanden, unter dem Schleier christlichen Glaubens heidnische Zeremonien lebendig zu halten, und Padre Pedro war in dieser Hinsicht keine Ausnahme. Eine seiner anrührendsten und gelungensten Zeremonien begann an einem späten Abend, als er mitten auf der Straße vor der Kirche ein riesiges Feuer entzündete. Das Feuer, erklärte er in einer schlichten Rede an die versammelten Einwohner des Dorfes, verkörpere das Licht und die Sonne, die ihrerseits den allmächtigen Gott symbolisierten. Er nahm eine große Kerze und hielt den Docht an das Feuer, bis das Licht brannte. Dieses, sagte er, symbolisiere Christus, der Gottes Licht der Menschheit gebracht habe.

Danach ging er vor allen Versammelten durch die weitgeöffneten Türen in die dunkle Kirche, die jetzt von seiner großen Kerze ganz schwach erhellt wurde. Dort drinnen konnten wir eine Menge Kinder wahrnehmen, jedes mit einem winzigen Licht in der Hand. Jetzt kamen sie alle vor und zündeten ihre kleine Kerze an seinem großen Licht an, das Christus

Bei einer Kindtaufe in Tucumé. Der Autor fungiert als Pate.
(Foto: Jarle Ree)

symbolisierte, und bald war die Kirche ganz hell von all denen, die ihre brennende Kerze in der Hand hielten. So, sagte Padre Pedro, habe Christus das Licht Gottes der ganzen Menschheit gebracht. Und dann begannen er und die Gemeinde einen schönen Choral zu singen.

Nicht nur neugeborene Kinder, sondern jedes neue Stückchen Eigentum mußte einen Paten haben, ob es nun ein Gegenstand war oder ein Gebäude. Einen Paten zu haben war notwendig, und Pate zu sein eine große Ehre. Es ist mein Privileg geworden, als Pate aufzutreten, bei neugeborenen Babys, denen ich eine Haarlocke abschneiden muß, über die neue Polizeistation des Dorfes, bis hin zu Schulen und anderen Gebäuden, an denen ich eine Flasche Chicha zerschellen lassen muß, die über der Tür hängt.

Als Präsident Alan Garcia nach einem Wochenende bei uns dem Dorf Tucumé einen riesigen Bulldozer schenkte, wurde dieses technische Wunder vor der Kirchentür geparkt, so daß Padre Pedro es mit Weihwasser besprengen und ich als Pate eine Champagnerflasche auf dem gesegneten Panzer des eisernen Monsters zerspringen lassen konnte.

Krankheit und Tod

Die Menschen an der Küste sind anders als die stilleren und verschlosseneren Gebirgsindianer, die von den Inka abstammen. Ihre fruchtbaren,

Rechts:
Ehepaar auf dem
Heimweg vom
Fischmarkt.
(Foto: Jarle Ree)

bewässerten Äcker und das milde Küstenklima machen es hier leichter, zu überleben. Ihrer Reinlichkeit verdanken sie für gewöhnlich eine gute Gesundheit. Es ist selten, daß wir Kinder mit einer Schnupfnase oder Ausschlag sehen. Fast nie hören wir Kinder weinen, und es kostet keine Mühe, sie zum Lachen zu bringen oder vor Freude tanzen zu lassen.

Es ist ein Geheimnis, wie die Tucumanen es anstellen, sich so sauber zu halten. Die Männer kommen stets mit fleckenlosem Hemd aus dem Haus, als wäre es eben von der Wäscherei geliefert worden, und die Frauen tragen ebenso saubere, farbenfrohe Kleider. Vor der letzten Flutkatastrophe wurden in Tucumé Wasserrohre verlegt, aber nach der Flut gab es nicht mehr viele Häuser mit eingebauter Wasserleitung. Der uralte Mochica-Kanal ist die meiste Zeit des Jahres ausgetrocknet, aber wenn die Dämme im Gebirge nach Regenfällen geöffnet werden, ist das schokoladenfarbene Wasser voll von badenden Menschen.

Doch das Unglück klopft in Tucumé ebenso sicher an die Tür wie in der übrigen Welt. Es gibt keinen Arzt, und der Weg zum Krankenhaus ist weit – für die wenigen, die sich die Fahrt leisten können. Wir haben mit unseren eigenen Transportmöglichkeiten geholfen, wenn es nötig war. Aber eines Tages mußte selbst unser eigener Chauffeur, Pizarro, das Auto eilig verlassen, um zu erbrechen – die Hunde waren dabei gierige Zuschauer. Jetzt hatte auch er die Cholera bekommen. Die Ansteckung war ebenso schnell wie die Lastwagen, die verunreinigten Fisch aus den infizierten Hafenstädten weiter südlich an der Küste brachten.

Ungefähr gleichzeitig erkrankten auch unsere Köchin Chona und die Hausverwalterin Carmen an Typhus. Alle drei wurden wieder gesund.

Aber die Cholera kostete viele das Leben. Es war unverkennbar, daß sie sich mit den Fischtransporten längs der Landstraße ausbreitete, denn es dauerte lange, bis sie die abgelegeneren Fischerdörfer im Norden der Küste erreichte.

Die langen Prozessionen, die sich auf Eselspfaden von einsamen Häusern zum Kirchhof schleppten, boten einen ergreifenden Anblick. Weinende Frauen gingen dicht hinter dem Sarg, und Männer mit trauervollen, feuchten Augen und zusammengepreßten Lippen schleppten sich hinterher. Einmal, als einer von unseren Arbeitern gestorben war, bestand die Familie darauf, den Sarg auf einem langen Umweg über unser archäologisches Feld zu tragen, und ich mußte dort eine kleine Gedenkrede halten. So konnte der Mann im Sarg von der Arbeitsstelle Abschied nehmen, auf der er so froh gewesen war.

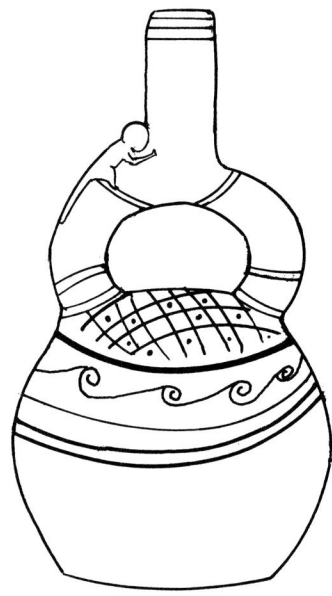

Ihre eigene Geschichte

Es dauerte nicht lange, bis wir begriffen, daß der einheimischen Bevölkerung nicht gleichgültig war, was wir in ihrer unmittelbaren Umgebung inmitten der verwitterten Ruinen ausgruben. Im Lauf der Zeit hatte sich eine Wandlung vollzogen. Als ich das erstemal mit Walter Alva hierhergekommen war, um den Bürgermeister und die Verantwortlichen im Dorf darüber zu informieren, daß ich die Erlaubnis der Regierung hatte, in den Pyramiden Ausgrabungen durchzuführen, war man uns mit Unwillen und Mißtrauen begegnet. Mit Ausnahme eines Lehrers machten alle deutlich, daß sie keine Huaqueros auf ihrem Gebiet wünschten. Da half auch nicht, daß wir beruflich graben wollten und dazu die Erlaubnis aus Lima hatten.

Walter hatte schlechte Erfahrungen gemacht. Auf seinem Pyramidenfeld in Sipán mußte er bei der Arbeit eine geladene Pistole tragen. Er fürchtete Repressalien durch die Familie des Huaqueros, der erschossen worden war, als Walter das erstemal mit der Polizei gekommen war. Da er nach und nach mehrere Grabkammern mit Gold und Silber fand, mußte sein Feld kontinuierlich von bewaffneter Polizei bewacht werden, die sich hinter Sandsäcken verbarrikadierte.

Als jedoch die Tucumanen sahen, daß wir unmittelbar am Eingang zum Pyramidengebiet Adobehäuser bauten, Lager- und Ausstellungsräume für das Publikum, waren sie ohne jeden Vorbehalt zur Zusammenarbeit bereit. Jetzt begriffen sie, daß wir nicht vorhatten, vergrabene Schätze aus ihrem Gebiet wegzubringen.

Ein neuer Gedanke nahm uns alle gefangen – sie ebenso wie uns. Gemeinsam waren wir dabei, ihre eigene Geschichte auszugraben.

Dies hier war nicht so wie in Ägypten, im Irak oder im Industal, wo fremde Eindringlinge von Land Besitz ergriffen hatten, das von längst verschwundenen Zivilisationen geprägt worden war. Die Menschen, mit denen wir in Tucumé zusammenwohnten, waren die Nachfahren der Pyramidenbauer. Ob sie nun wie der Chauffeur Pizarro, wie der Vorarbeiter Castro oder wie einige andere meiner Helfer Choso, Caranza oder Musayon hießen – sie stammten alle von den ursprünglichen Peruanern ab. Es floß gewiß sehr wenig Blut von den spanischen Konquistadoren in den Tucumanen. Und was vielleicht noch mehr überraschte – bei diesen Menschen an der Nordküste begegnete man nicht den charakteristischen Gesichtszügen der Inka, die drei Generationen vor den Spaniern das Lambayeque-Tal erobert hatten. Die Menschen hier waren sich dessen sehr wohl bewußt.

Es war mein enger Mitarbeiter und Freund Suy Suy, der mir die Augen für das öffnete, was er die Kontinuität in der peruanischen Kultur nannte. Suy Suy kam aus der größeren Stadt Moche, südlich von Trujillo und den Ruinen von Chan-Chan, der vorhistorischen Hauptstadt des Chimú-Reiches. Angesichts seiner stolzen und eigentümlichen Gesichtszügen glaubte ich ihm, als er behauptete, reiner Mochica-Abstammung zu sein. Sein Gesicht war wie eine lebendige Variante der Porträts auf den präinkaischen Vasen, auf denen Mochica-Häuptlinge abgebildet waren. Und er mochte den Teil seines Namens am liebsten, der mochica war, aber sein vollständiger Name lautete: Victor Antonio Rodriquez Suy Suy. Alle an unserem Projekt beteiligten peruanischen Archäologen hatten bei ihm Anthropologie studiert, als er Professor an der nationalen Universität in Trujillo war. Sie betrachteten ihn als den Vater der peruanischen Anthropologie.

Tucumé Vivo – das lebende Tucumé

Suy Suy, der das Pensionsalter schon gut überschritten hatte, nahm mein Angebot an, ein Projekt zu leiten, das ich Tucumé Vivo nennen wollte – das lebende Tucumé, um es von dem archäologischen Projekt abzuheben. Es bildeten sich zwei völlig getrennte Interessenbereiche.

Die Armut ist groß in Tucumé, und Grundschulen gehören zu den vordringlichsten Projekten der Strømmestiftung. (Foto: Jarle Ree)

Die Ausgrabungen wurden vom Kon-Tiki-Museum gesponsert und finanziert. Tucumé Vivo war ein rein soziales Hilfsprogramm, das mit einem jährlichen Kapitalzuschuß der privaten Strømmestiftung in Kristiansand arbeiten sollte. Diese Wohltätigkeitsorganisation nahm Schenkungen norwegischer Familien aus dem ganzen Land für Hilfe in Entwicklungsländern entgegen.

Vom ersten Augenblick an war es einleuchtend, daß die armen Menschen in Tucumé, die ihre wenigen Habseligkeiten hinter verriegelten Türen verbargen, Hilfe von außen brauchten, um sich auf eigene Füße stellen zu können. Der magere Ertrag ihrer winzigen Ackerflächen reichte nicht aus, um den bescheidenen Lebensstandard zurückzugewinnen, den sie 1983 verloren hatten.

Das war das Jahr, in dem die letzte Überschwemmung nach heftigen Regenfällen in den Gebirgen und über der gesamten Wüste ihre Tiere und Höfe weggespült hatte. Durch die Dorfstraßen waren die Särge vom Friedhof zusammen mit den Möbeln geschwommen, und viele Häuser waren eingestürzt. Obwohl Tucumé in einem riesigen Wüstengebiet liegt, treten für gewöhnlich im Abstand von sieben bis acht Jahren gewaltige Regenfälle auf. Das fällt mit periodischen Schwankungen in der Meeresströmung vor der Küste zusammen. Wenn der warme Niño-Strom vom Panamagolf aus weiter südlich als normal vordringt und, bevor er das Lambayeque-Tal erreicht, den kalten Humboldtstrom zum Meer vor Polynesien drängt, entstehen dadurch beträchtliche Änderungen in Temperatur und Feuchtigkeit. Solche Katastrophenjahre werden von den

Einheimischen nach dieser warmen Meeresströmung Niño-Jahre genannt. In solchen Zeiten verwandelt sich die gesamte Wüste vom Lambayeque-Tal und weiter nördlich in einen einzigen riesigen Binnensee, der ebenso groß sein kann wie der Titicacasee oben in den Bergen und tief genug, daß die Fischer dort, wo sonst nur Wüstensand ist, auf Balsaflößen angesegelt kommen.

Nach dem Niño-Jahr 1983 hätten die meisten Häuser in Tucumé instandgesetzt werden müssen. Dem Ort fehlte ein Abwassersystem. Alles Flüssige wurde vor die Tür gegossen, wo es verdampfte und in Form von Staub wieder hereinkam.

Als der für das Lima-Projekt zuständige Direktor der Strømmestiftung nach Tucumé kam, inspizierten wir gemeinsam die drei Schulen im Dorf. Die Stiftung betrachtet das Wohlergehen der Kinder als eine vorrangige Aufgabe.

Wir fanden lächelnde und reinliche Kinder vor, die auf leeren Kisten und auf Planken saßen, da alles brauchbare Inventar gestohlen worden war. In einem Klassenraum war sogar die Eingangstür verschwunden und die Öffnung daraufhin mit Mauersteinen verschlossen worden. So sollten ein Tisch und einige Pulte gesichert werden, die sich noch im Raum befanden. Nun konnten die Diebe nicht hineingelangen, aber die Schüler auch nicht. Wir baten darum, die Toiletten inspizieren zu dürfen, und mochten unseren Augen kaum trauen. In der Schule für die Allerkleinsten, hinter deren Schulhof die Dorfpyramide majestätisch aufragte, öffnete ein Lehrer die Tür zu einem kleinen Schuppen. Wir gingen hinein und stürzten sofort wieder hinaus. Ich hielt die Luft an und wagte noch einen raschen Blick nach drinnen. Alles, was ich sah, war ein großer Raum und mitten darin ein Loch für 500 kleine Jungen und Mädchen zur gemeinsamen Benutzung. Viele von ihnen hatten sich aus Angst, in das Loch zu fallen, gar nicht richtig herangewagt.

Sofort wurden von Spendern in Norwegen bedeutende Summen versprochen. Mit Suy Suy als tüchtigem Leiter vor Ort, starteten wir das Projekt Tucumé Vivo, indem wir für alle Schulen moderne Sanitäranlagen und für das Dorf ein Abwassersystem zu bauen begannen. Zum erstenmal wurden an alle Kinder Schulbücher verteilt. Sie nahmen sie mit Jubelrufen entgegen, als wären es Spielsachen. Als neue Pulte in die Klassenräume getragen worden waren und Tucumé Vivo Mauersteine und Zement geliefert hatte, boten die Familienväter an, hohe Mauern um den Schulhof zu bauen, um so die Diebe fernzuhalten.

Und weit effektiver als ein haarloser Wachhund war unsere Idee, einer

obdachlosen alten Frau im Schulhof ein Dach über dem Kopf und ein gutes Bett zu geben. Falls ein Dieb es schaffen sollte, über die Mauer zu klettern, würde sie lauter schreien, als ein Hund kläffen könnte.

Im Algarrobowald

Suy Suy dehnte Tucumé Vivos Aktivitäten auf jede kleine abseits gelegene Ansiedlung aus, die sich im Algarrobowald rings um das Pyramidengebiet befand. Es gab ein Dutzend kleiner Schulen, die mit dem Auto auf Wegen erreicht werden konnten, die kaum mehr waren als Eselspfade. Die Hauptverkehrsteilnehmer waren barfüßige Fußgänger, Reiter, die freundlich den Hut lüfteten, und kleine Esel, von denen unter der Last der Zweige und Maisblätter nur die Beine sichtbar waren. Mancher Esel beförderte einen lächelnden Bauern, wenn nicht gar zwei oder drei lachende Kinder. Einige Male zogen lange Reihen von kleinen Eseln vorüber, alle schwer beladen mit großen Krügen, auch mit Säcken voller Salz oder Limetten aus den näher an der Küste gelegenen Gebieten.
Alles war wie in alten Tagen, nachdem die Esel die Lamas abgelöst hatten. Nach unseren Ausgrabungen zu urteilen, waren vor der Ankunft der

*Ein übliches Bild in Tucumé. Meistens tragen die Esel so viel auf dem Rücken, daß nur ihre Beine sichtbar sind.
(Foto: Jarle Ree)*

Europäer selbst hier im Flachland Lamas gehalten worden. Es konnten auch Lasten mit ungesetzlich geschlagenem Algarroboholz sein, die auf diesen Waldpfaden unter Umgehung der Polizeikontrolle zum Markt nach Chiclayo transportiert wurden.

Tiefer in diesem Wald, der Naturschutzgebiet war, hatten sich rund 1000 Farmer in einer fast undurchdringlichen Wildnis, bekannt unter dem Namen Batán Grande, als unerlaubte Ansiedler niedergelassen. Diese Gesetzlosen verdienten sich ihren Lebensunterhalt als Köhler. Sie holzten die bis zu 1000 Jahre alten Dschungelbäume ab, Perus einzigen westlich der Anden erhaltenen Dschungelwald, der von der Regierung unter Schutz gestellt war. Der Präsident war persönlich mit 100 Polizisten erschienen, doch es war ihnen nicht möglich gewesen, durch das dichte, von Bewaffneten besetzte Unterholz zu dringen.

Einmal habe ich es auf geheimen Umwegen geschafft, mit einem Lastwagen voller Tucumanen dorthin zu gelangen. Nah und fern konnten wir die Schläge der Äxte hören, mit denen die ungesetzliche Arbeit verrichtet wurde. Hineingewagt hatten wir uns hier nur, um das große, ausgetrocknete Bett eines Flusses zu inspizieren, der im Niño-Jahr den alten Mochica-Kanal überschwemmt und damit die letzte Katastrophe in Tucumé ausgelöst hatte. Aber als wir versuchten, auf denselben einsamen Eselspfaden wieder hinauszugelangen, fanden wir den Weg mit einer Barrikade aus frischgefällten Bäumen versperrt.

Als wir sie zu entfernen versuchten, kamen die Kohlenbrenner zu beiden Seiten des Pfades mit Stöcken und Gewehren aus dem Wald. Sie senkten die Waffen, als sie einige meiner Freunde wiedererkannten, weigerten sich

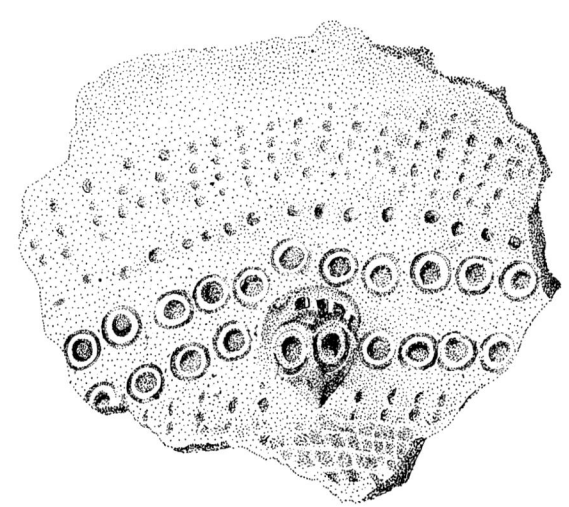

aber, die Sperre zu entfernen. Auch unsere Erklärung, daß wir untersuchen wollten, wie wir den Rio Loco aufstauen oder das Flußbett reinigen könnten, was ja im Interesse aller Bauern läge, half nicht. Wir benutzten sogar ihren Spitznamen Rio Loco (Verrückter Fluß) für den verhaßten Rio Leche (Milchfluß), aber es war nutzlos. Wir mußten rückwärts den Pfad zurück. Nachdem wir über einige ihrer Rodungen geholpert waren, gelang es uns, auf einen anderen Steg zu kommen. Dort wurden wir von einer neuen Gruppe wütender Köhler gestoppt, die mit der ersten in Fehde lag, uns aber schließlich ungeschoren entkommen ließ.

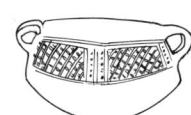

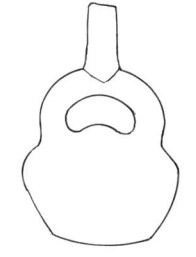

Wenn die Katastrophe droht

Das Gebiet um Tucumé ist im wahrsten Sinne des Wortes eine große Oase. Die Tucumanen sind in Wirklichkeit ein Wüstenvolk, und ihre gesamte Existenzgrundlage ist das Wasser, das in dem uralten Kanalsystem der Mochica fließt. Die Wassermenge in dem alten Taymikanal entscheidet über ihre Ernte, ist Gegenstand ihrer täglichen Gespräche und Barometer für ihre Gemütsverfassung.

Keiner spricht vom Wetter. Der Himmel ist immer blau, und wenn Wolken kommen, bringen sie keinen Regen. Der Wasserstand in den Kanälen ist von den Niederschlägen in den fernen Anden abhängig. Trockenheit im Gebirge verursacht deshalb Hungersnot in den Ebenen. In einem Niño-Jahr regnet es in beiden Landesteilen, und dann kommt die Katastrophe in Form einer Überschwemmung.

Als wir mit der Ausgrabung in Tucumé begannen, waren seit der letzten, fast biblischen Überschwemmung im Jahre 1983, wie bereits gesagt, sieben Jahre vergangen. Es war daher jederzeit mit einer neuen Katastrophe zu rechnen. Die Zeit war fast überreif, als 1992 die Fischer berichteten, daß ein an der Küste verlaufender Unterstrom ihre Netze in die falsche Richtung ziehe und aus der Meerestiefe fremde Fische nach oben bringe. Viele Seelöwen, die die Netze zerrissen und sich auf den Stränden zusammenscharten, zwangen sie, den Fischfang zu unterbrechen.

Wir befürchteten das Schlimmste, und ich reiste nach Norwegen, um von der Strømmestiftung zusätzliche Summen für die Finanzierung von Gegenmaßnahmen bei einer möglichen Überschwemmung zu erlangen. Unser nordamerikanischer Archäologe Dan Sandweiss war Spezialist für die Geschichte der Niño-Jahre, und es gab archäologische Beweise dafür, wie die schwersten Niño-Überschwemmungen die Küstenkulturen zerstört und zu Volkswanderungen geführt hatten.

Suy Suy war ein Bahnbrecher in bezug auf das Studium des antiken Kanalsystems der Mochica im Lambayeque-Tal gewesen. Viele Jahre hatte er sich dafür eingesetzt, die Verzweigungen, die verfallen und ungenutzt waren, wieder zu öffnen und Abschnitte zu reparieren, die durch Überschwemmungen in neuerer Zeit zerstört worden waren. Seine früheren Feldforschungen hatten ergeben, daß in voreuropäischer Zeit ein wesentlich größeres Gebiet kultiviert war. Damals wurde das gesamte Bewässerungssystem der Mochica mit allen seinen weitreichenden Verzweigungen genutzt, die in einem geordneten Muster von kleinen kammförmigen Gräben endeten. In der Wüste sahen wir noch Spuren von ihnen.

Suy Suys Kenntnis des gesamten alten hydraulischen Systems, das von den fernen Bergen ausging, nutzend, kartierten wir die Problemgebiete im unteren Taymikanal. Das betraf die wenigen Kilometer der Hauptrinne von Cachinche hinunter nach Tucumé. Das Wasser von der anderen Verzweigung würde an dem Dorf Muchumi vorbeigeführt und ins Meer fließen. Und eine Überschwemmung längs der 55 Kilometer am Hauptkanal gegenüber von Cachinche, ausgehend von der Quelle im Gebirgssee Tinajones, würde auch Tucumé weniger gefährden als eine Überschwemmung direkt über uns.

Kanalräumung und Fiesta

Tucumé Vivo improvisierte ein Notprojekt für Kanalreparaturen, und meine effektive peruanische Hausverwalterin und Assistentin, Carmen Barrantes, betreute es während meiner Abwesenheit. Und als ich mit weiteren Geldbeträgen aus Norwegen zurückkam, erlebte ich Aktivitäten, die seit jener Zeit, als die Kanäle gebaut worden waren, einen Teil des Lebens in Tucumé ausgemacht hatten.

Ein ganzes Heer von einheimischen Bauern jeglichen Alters begleitete mich, als wir in den immer noch knochentrockenen Taymikanal hinunterkletterten und Sand auszuheben begannen, der aus der Wüste hereingeschwemmt worden war. Wir warfen ihn hoch über unseren Köpfen auf die Ufer. Unterstützt von einem Ingenieur und Bauern, der die Verant-wortung für die Verteilung des Wassers hatte, sorgte Carmen in der Zwi-schenzeit dafür, daß Zement, Eisen und Holz gekauft wurden. Die vielen Sektionen des Kanals, in denen die Strömung und treibende Bäume 1983 die Dämme und Barrikaden durchbrochen hatten, mußten schnell repariert werden.

Moderne Armierung wurde nur dort benutzt, wo die Gefahr am größten war und freiwillige Einsätze zu zeitaufwendig gewesen wären. Im allgemeinen reichte es aus, wenn man lehmhaltige Erde auffüllte und Weidenstämme als Pfähle einschlug, um die Barrikade zu stabilisieren. Durch die Feuchtigkeit unter dem Kanal bekamen diese Pfeiler augenblicklich Triebe, und, was noch wichtiger war, es bildete sich ein dichtes Wurzelgewebe, wodurch die Erdwälle befestigt wurden.

Die Räumung des riesigen Kanals war ein jährliches Ereignis, das die Pflicht zu gemeinsamer Arbeit, aber auch Freude und Feiern einschloß. Ältere Leute erinnerten sich an Methoden, die wahrscheinlich aus der Inkazeit stammten – wenn sie nicht noch länger zurückreichten. Die Kanalräumung fand jedes Jahr im August statt, und die gesamte Bevölkerung nahm daran teil. Eigentlich war sie ein Anlaß zur *fiesta*.

Es gab Leute, die noch wußten, daß früher ein gewisser Señor Don Rumichi das Signal gab, indem er aus seinem Haus trat und eine Trommel schlug. Danach ging ein anderer durch den Ort und blies Trompete. So

Der alte und ursprünglich schiffbare Taymikanal wurde in früher präinkaischer Zeit gebaut und durchquert viele Kilometer Wüstenland, bevor er auf dem Weg zum Meer die Pyramiden von Tucumé passiert. (Foto oben: Lise Lian; nächste Seite: Marit Toppe Berg/ Strømmestiftung)

wurde allen bekanntgegeben, daß die jährliche Kanalräumung beginnen solle. Bald darauf schwärmten die Bauern wie Bienen im Innern des Kanals und auf seinen Ufern. Jeder Landbesitzer mußte mit einer bestimmten Anzahl von Männern und einer bestimmten Anzahl von Tagen zu dieser Arbeit beitragen. Der Verantwortliche für die Wasserverteilung war der Chef des gesamten Unternehmens; aber die Landbesitzer kontrollierten selbst ihre Männer.
Es wurde ein langer Tag, und wie in alten Zeiten brachten kleine Kinder

ihren Vätern während der Arbeit selbstgebrautes Chicha. Die Zeit zum Essen und Ausruhen kam, wenn die Sonne am Horizont versank. Arbeiter, Vorarbeiter, Köche und Landbesitzer versammelten sich auf den Ufern, wo Zelte aufgestellt wurden. Jeder sollte sich hier auf Schaffellen ausruhen, essen und trinken können. Und es war guter Grund zum Feiern, denn alle wußten, daß ihre Tagesarbeit der Familie ein weiteres Jahr mit hinlänglichem Auskommen sichern würde. Bis in die späte Nacht hinein gab es Gitarrenmusik, Gesang und Tanz und Lustbarkeiten aller Art. Und wenn die jährliche Räumung des Taymikanals abgeschlossen war, marschierten alle, jung und alt, in feierlicher Prozession hinter einer holzgeschnitzten Jungfrau Maria her, die durch das Dorf und zu den Ansiedlungen in der Umgebung getragen wurde.

Ehrerbietung gegenüber Baumstämmen

Suy Suy war davon überzeugt, daß selbst diese Zeremonie eine Überlieferung aus alten Tagen sei. Und auch wenn die Jungfrau-Maria-Statuen, die wir an anderen Orten gesehen hatten, wie riesengroße Puppen im Brautkleid aussahen, half ich mit, eine zu tragen, die ein völlig anderes Aussehen hatte. Sie war ganz von einem Schleier verborgen und in die gleiche elegante Brautausstattung gekleidet wie die anderen. Aber als ein plötzlicher Windstoß den Schleier anhob, bekam ich einen leichten Schock. Obwohl er hastig wieder an seinen Platz gezogen wurde, hatte ich einen Baumstamm mit einem grotesken Gesicht wahrgenommen. Es war an der Stelle eingeschnitzt, wo die Zweige ein natürliches Kreuz bilden. Das Ganze stellte weder Christus am Kreuz noch die Jungfrau Maria dar. Dieses hier war etwas Altertümliches, das man heiliggehalten hatte, lange bevor es anständig eingepackt und dem Christentum geweiht worden war. Von dem Augenblick an, da ich die verschleierte Figur gesehen hatte, bemerkte ich die Ehrerbietung, die man Baumstämmen entgegenbringt, bei denen beidseitig ein etwas nach oben gerichteter Ast wächst, so daß sie einem leicht verkrüppelten Kreuz ähneln. Ich sah sie in verschiedenen Größen. Einige waren ganz klein, blumengeschmückt und hatten einen würdigen Platz im Haus, während andere, groß und weiß angestrichen, im Hof standen.

Einmal waren wir in eine einsame alte Schule im Wald eingeladen, um neue Klassenräume einzuweihen, die wir gebaut hatten. Wir nahmen an dem Fest teil, das auf dem Schulhof veranstaltet wurde. Vor dem Essen führte uns der Lehrer fast ein wenig verschämt zu einem dieser Stämme

mit doppelter Gabelung. Sie standen dort, wo die Kinder spielten. Wir sollten einem alten einheimischen Brauch beiwohnen. Ich erkannte die Form der doppelten Gabelung an dem Stamm wieder, der tot, aber nach jahrzentelanger menschlicher Berührung hart und glatt wie Knochen war. Während sich Kinder und Eltern als andächtige Zuschauer um uns scharten, lächelte der Lehrer verlegen, goß ein wenig Chicha über den toten Stamm und ließ dem Getränk ein paar Stückchen Seviche und Mais folgen. Danach konnte das Fest weitergehen.

Eines Tages, als Alfredo die archäologische Arbeit an einer Chimú-Inka-Grabstätte östlich des großen Pyramidenkomplexes leitete, schickte er nach mir. Er zeigte mir neben dem Feld, wo ein Dutzend unserer Männer mit Grabearbeiten beschäftigt waren, einen riesengroßen lebenden Algarrobobaum. Die Natur hatte diesem die Form eines Kreuzes verliehen, mit zwei großen, nach oben gebogenen Zweigen, die noch frisch und voll grüner Blätter waren. Aber in jedem kleinen Winkel, in jeder Vertiefung der Rinde und zwischen den Zweigen steckten Geldstücke aus Metall. Einige von ihnen waren sehr alt und echte Sammlerobjekte.

Jemand mußte unsere Neugierde bemerkt haben, denn als wir am nächsten Tag zurückkamen, um uns den Baum noch einmal anzusehen, war jede einzelne kleine Münze entfernt worden, und er stand dort ebenso wie Tausende andere Algarrobobäume.

Ronderos Campesinos

Obwohl ich Polizeischutz für mein Heim und meine Person abgelehnt hatte, wurde deutlich, daß eine gewisse Absicherung der Ausgrabungen in dem isolierten Gebiet zwischen den Pyramiden nötig war. Ein einziger Wächter für ein Grabungsfeld war nachts nicht genug. Wie bereits erwähnt, hatte Walter Alva in Sipán eine reguläre bewaffnete Polizeitruppe, die Tag und Nacht über die Ausgrabungen wachte. Seitdem sie am hellen Tag angegriffen worden war, hatte sich die Polizei auf der höchsten Stelle der Pyramide, dort, wo die offenen Gräber lagen, hinter einer Mauer von Sandsäcken verbarrikadiert.

Ich gewann den Eindruck, daß es klug sei, auch für Tucumé um Schutz zu bitten, und es wurden uns zwei Polizisten geschickt. Sie sollten im Dorf untergebracht werden und hatten den Befehl, bei einem bewaffneten Angriff die Sicherheit der archäologischen Ausgrabungen zu gewährleisten. Nach der zweiten Nacht kamen die Polizisten zu mir und teilten mir mit, daß sie mindestens noch sechs weitere Kollegen vom

*Die peruanischen Pferde sind Paßgänger, das heißt, sie bewegen gleichzeitig die Beine einer Seite. Das bewirkt eine charakteristische »tänzelnde« Gangart.
(Foto: Jarle Ree)*

Polizeirevier brauchten, um sich bei einem Überfall behaupten zu können. Mir fiel ein, daß jeder Polizeischutz auf »Den leuchtenden Pfad« und alle möglichen anderen Gangster wie ein Magnet wirken könnte. Die Leute würden glauben, daß wir Goldschätze hätten, die geschützt werden müßten. Deshalb verzichteten wir völlig auf die Polizisten. Später ließ das Touristenmuseum trotzdem eine schöne Polizistenwohnung, Wand an Wand mit unseren Lagergebäuden, errichten.

Wieder mußte ich Pate sein. Ich ließ die traditionelle Flasche, die über der Tür hing, zerschellen, so daß Glassplitter und Chicha auf die Uniformen der Polizisten spritzten, die Aufstellung genommen hatten. Mit ihnen hatte sich aus diesem Anlaß eine größere Volksmenge eingefunden. Als die Zeremonie beendet war, verschwanden zu unserem Erstaunen, zusammen mit den anderen, auch die Polizisten, und das neueingeweihte Haus lag ebenso verlassen da wie das Land ringsum.

Zu dieser Zeit erfuhr ich, daß Dorfbewohner in den Bergen ihren eigenen Schutz gegen Diebe und Terroristen organisierten. Mehrere Gemein-

Rechts:
Wie ein fossiler Drachenrücken oder ein sägeförmiger Gebirgskamm ziehen sich die Reste einer riesigen Tempelmauer über den westlich von La Raya gelegenen Höhenzug.

den hatten verantwortungsbewußte, starke Männer für eine Bürgerwehr gewählt, die, mit Stöcken und Gewehren bewaffnet, nachts in den Straßen und der Umgebung patrouillierte.

Es kursierten Gerüchte, daß jetzt in einem von Tucumés Satellitendörfern, wo die Diebstähle überhandgenommen hatten, solche *ronderos campesinos*, »Bauernpatrouillen«, gegründet werden sollten. Mit einem kleinen finanziellen Beitrag von unserem Tucumé Vivo-Projekt hatten wir bald in einem Dutzend der Ansiedlungen rund um Tucumé Ronderos campesinos organisiert. Diese Wachen bekamen dafür, daß sie unseren Pyramidenkomplex in ihre nächtliche Runde miteinbezogen, von unserem archäologischen Projekt einen kleinen monatlichen Sonderzuschuß. Ihre Mitglieder durften zu jeder Zeit die Ausgrabungen inspizieren, und diese Regelung garantierte ihnen und uns, daß alles, was aus der Erde kam, in unser Feldlabor gebracht wurde. Das, was von Interesse war, sollte in unserem Museum ausgestellt werden.

Dadurch wurde das Gefühl der Zusammenarbeit zwischen dem Team und der einheimischen Bevölkerung gestärkt. Die Einwohner gewannen immer mehr Interesse an unserer Arbeit. Ihr Stolz auf die eigenen Vorväter wuchs, wenn Besucher aus dem Ausland und anderen Orten Perus sich von dem hohen kulturellen Niveau der früheren Tucumanen beeindruckt zeigten.

Als die Teufel kamen

Der 23. Februar ist sowohl für die Menschen in Tucumé als auch für die in Muchumi, dem Nachbardorf, ein wichtiger Tag. Gemeinsam feiern sie den uralten Vergleich in einem langwierigen Streit um Wasser. An diesem Tag wird eine heilige Jungfrau längs des Panamerikanischen Highways von einer Stadt in die andere getragen, eskortiert von maskierten Teufeltänzern, die einander auf halber Strecke zwischen den Städten ablösen. Die kleine, blasse Jungfrau aus bemaltem Holz wirkt merkwürdig unberührt von den furchteinflößenden Horden schwarzer Teufel, die sie, zum Rhythmus von Trompeten und Trommeln tanzend, begleiten.

Der Begiff Teufel kam zusammen mit der ersten Jungfrau Maria zu den Vorvätern dieser Menschen. Als die Spanier im sechzehnten Jahrhundert in das Land eindrangen, bauten sie, wie bereits erwähnt, zu Ehren der Jungfrau Maria eine riesige Kathedrale, nur ein paar hundert Meter nördlich von der allergrößten Pyramide.

Wir waren aufrichtig beeindruckt, als wir die Wände sahen, die von diesem riesigen Gebäude erhalten geblieben waren. Das Dach stürzte im

vorigen Jahrhundert ein. Das geschah um die gleiche Zeit auch mit all den kleinen Adobehäusern in dem ursprünglichen Dorf Tucumé. Eine furchtbare Niño-Überschwemmung veranlaßte damals den größten Teil der Bevölkerung, das Dorf auf der anderen Seite des Pyramidenkomplexes, dort, wo es heute noch liegt, neu aufzubauen, mit einer bescheideneren Dorfkirche als Mittelpunkt. Viele alte Menschen konnten uns erzählen, daß ihre Großeltern die Jungfrau Maria mit dem Kind in der neuen

Kirche festbinden mußten. Mehr als einmal war sie nachts auf ihren eigenen Füßen zu den Menschen gegangen, die sie im alten Tucumé zurückgelassen hatte.

Aber die lebendigen Traditionen gingen noch weiter zurück, bis zu der Zeit, als die ersten spanischen Eindringlinge den christlichen Glauben mitbrachten. Die meisten Tucumanen waren leicht zu bekehren, aber nicht alle. Und da kamen im Gefolge der Jungfrau Maria mit dem Kind die Teufel. Nachts jagten sie in wilder Fahrt mit einem großen, von vier Pferden gezogenen Wagen durch die Dorfstraßen.

Die Tucumanen wußten, daß es die Spanier selbst waren, schwarz bemalt und mit gehörnten Masken und großen Zähnen. Das Poltern der Räder und der Klang der Glöckchen an den Pferden und der Kleidung der Teufel ließen die verängstigten Tucumanen in die Häuser fliehen. Aber das half nichts. Diejenigen, die sich der christlichen Taufe widersetzten, wurden mitgeschleift und auf den Pyramiden verbrannt.

Nachts brachten die Spanier Holz für große Scheiterhaufen auf die höchste Huaca der einheimischen Vorväter. Wenn die Flammen auf den Pyramiden in den nächtlichen Himmel loderten, daß sie weit und breit zu sehen waren, verkündeten die spanischen Priester, daß sich jeder, der das Gebiet betrete, in Todesgefahr begebe, denn dieses sei der Eingang zur Hölle.

Brennende Menschen

Die heutigen Priester in Peru fürchten sich nicht, die schwerwiegenden Fehler einzugestehen, die in den Tagen der Inquisition von ihren Vorgängern begangen wurden. Und wir begannen uns zu fragen, ob die von den Einwohnern gepflegten Überlieferungen einen wahren Kern hätten. Als wir auf der höchsten Plattform von Huaca I mit den schichtweisen Ausgrabungen begannen, benutzten wir in den obersten Bereichen Kellen und Pinsel. Unmittelbar unter der heutigen Oberfläche fanden wir die trockenen Überreste einer Eidechse, der man Nadeln durch die Haut gestochen hatte. Daneben lag eine verblaßte Fotografie, das Porträt eines Menschen, ebenfalls mit Nadeln durchbohrt. Hier hatten moderne Medizinmänner ihren Zauber ausgeübt. Etwas tiefer lagen gut erhaltene Inkagräber. Und noch tiefer stießen wir auf die Reste eines Tempels aus der präinkaischen Zeit, dessen zerstörte Wände schöne Reliefs mit Seevögeln, die in Reih und Glied schwammen, erkennen ließen.

Auf der obersten Plattform der Huaca Larga, der größten aller Pyramiden, brauchten Alfredo und sein Team nicht besonders tief zu graben, bis

Traditionen, die noch in Tucumé lebendig sind, erzählen davon, daß die Vorväter, die das Christentum nicht annahmen, auf der obersten Plattform von Huaca Larga verbrannt wurden. Als Alfredo hier mit Ausgrabungen begann, fand er als erstes verkohlte Menschenknochen und Überreste von riesigen Scheiterhaufen, deren Flammen so heiß gewesen sein müssen, daß die Adobeblöcke rot gebrannt wurden wie Mauersteine und das Glas im Sand zu Schlacke schmolz.

sie auf Reste von Scheiterhaufen stießen. Sie waren so groß, daß man sie von allen umliegenden Dörfern gesehen haben muß. Die Scheiterhaufen hatten inmitten eingestürzter Tempelwände gebrannt, einige davon aus Adobe, andere aus unbehauenem Stein. Die Wärme war so intensiv gewesen, daß das Glas im Sand geschmolzen war und Schlacken gebildet hatte. Es fanden sich Massen von Kohle und verbranntem Holz – aber auch Menschenskelette, Schädel sowie Knochen. Einige von diesen waren verkohlt, andere ohne jede Feuerspur.

Einige wenige Schädel unterschieden sich von den anderen durch einen kleinen, dreieckigen Schädelknochen, bekannt als Inkaknochen. Er ist typisch für die Inka und tritt sehr selten bei anderen Volksgruppen auf. Wäre dies ein zuverlässiger Indikator, könnte man glauben, daß sowohl Einheimische von der Küste als auch eingewanderte Inka vom Hochland auf dieser Pyramide verbrannt wurden. Aber waren sie lebendig oder tot verbrannt worden? Und war das vor oder nach der Ankunft der Spanier geschehen?

Das Mysterium wurde nicht geringer, als wir entdeckten, daß das gesamte Terrain oben auf der Pyramide voller Ruinen war. Einige bestanden aus Steinen und waren in der Inkazeit gebaut, andere waren aus Adobe und präinkaischen Ursprungs. Und alles war absichtlich unter Unmengen von Sand begraben worden, den man von unten heraufgebracht hatte. Die Ruinen auf der obersten Plattform waren ganz unter Sand verborgen, der von einem noch älteren und bereits verlassenen Gräberfeld stammen mußte. In der Füllmasse fanden wir unzählige unverbrannte Menschenknochen und eine imponierende Fülle unterschiedlicher Scherben präinkaischer Begräbnisurnen. Huaqueros hatten versucht, von ganz oben ein Loch zu graben, aber die Arbeit aufgegeben. Wahrscheinlich hatten sie den Mut verloren, als sie auf die verkohlten Reste gestoßen waren. Da aber ein kleiner Abschnitt der inkaischen Steinwand von ihnen abgerissen worden war, wurden wir auf die dahinterliegende ältere Adobewand aufmerksam. Sie war schön dekoriert mit präinkaischen Fresken in Rot, Weiß und Schwarz, sie zeigten als symmetrische Borten tauchende Seevögel, deren Augen die Form des Sonnensymbols hatten.

Die Brandspuren, die auf beiden Pyramiden untersucht wurden, wiesen einen deutlichen Unterschied auf. Die Überreste von den Feuern auf Huaca Larga wurden ganz oben auf dem Bau gefunden. Sie stammten offensichtlich auch von hier, wie die Steinwände und rotgebrannten Adobeziegel belegen. Auf Huaca I fanden wir dagegen die dicke Ascheschicht in winzigen Einfriedungen am Fuß der Pyramide. Die Scheiterhaufen waren nicht hier entzündet worden, denn die Asche reichte bis an die Adobeblöcke heran, die ihre helle Farbe behalten hatten.

Woher kam die enorme Menge Asche? War sie in den großen, unverzierten Tonbehältern, deren Scherben in der feinen Asche lagen, transportiert worden? Die Asche am Fuß von Huaca I wies deutlich auf eine Zeremonie hin, die mit Feuer zu tun hatte. Würden wir jemals herausfinden, wo ein solches Zeremonialfeuer gebrannt hatte? Deutlich war jedenfalls, daß es weder auf der Spitze noch am Fuß von Huaca I gewesen sein konnte.

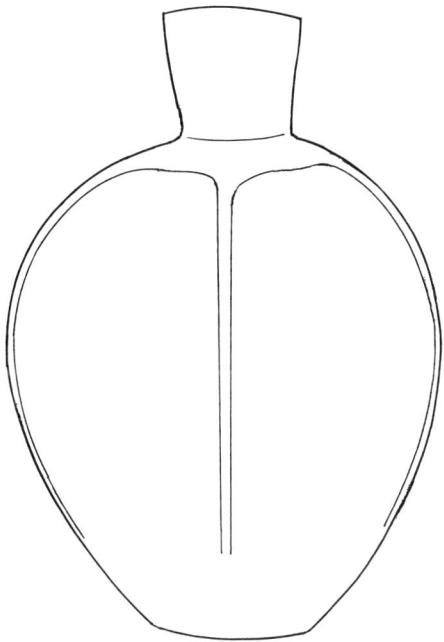

El Horno – der Backofen

Eines Tages zeigte ich die gigantischen Adobewände der alten spanischen Kathedrale meiner Freundin Jacqueline. Dabei stießen wir plötzlich auf eine Kuriosität, die möglicherweise mit dem Mysterium der zeremoniellen Verbrennung in Zusammenhang stehen konnte. Ich maß die Stärke der Adobewände. Sie war so außergewöhnlich, daß mir der Gedanke kam, diese Wände könnten Teil eines vorchristlichen Baus oder von bekehrten Tucumanen errichtet sein, die Adobe zu kolossalen Strukturen verarbeitet hatten.

Jacqueline untersuchte das Terrain unter den nahegelegenen Algarrobobäumen, wo Generationen von Grabräubern ihre Spuren hinterlassen hatten. Sie kam zurück und berichtete, sie habe hinter den Bäumen verborgen, eine riesige verwitterte Pyramide entdeckt. Von dort biete sich ein prächtiger Ausblick zur Huaca Larga, die genau gegenüber auf der anderen Seite des großen Kanals liege. Ich sagte ihr, daß uns die Pyramide bekannt sei. Sie befinde sich am Rand des Feldes, das wir untersuchten, sei aber ein Teil des archäologischen Hauptkomplexes.

Suy Suy schnüffelte oft in diesem Gebiet herum, das als *Tucumé Viejo*, das alte Tucumé, bekannt war. Er war davon überzeugt, daß es damals, als die spanischen Konquistadoren kamen, eine große Bedeutung gehabt

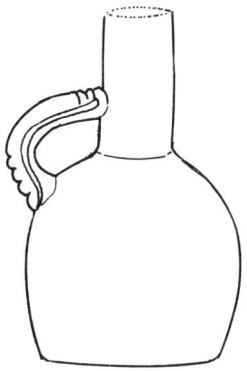

Rechts:
An der Ostseite von Huaca Larga konnten wir die Konturen eines kleinen Hügels erkennen. Er lag neben einem breiten Zeremonialweg, der zur Pyramide führte. Die Bewohner der Dorfhütten in der Nachbarschaft wußten, daß die Medizinmänner vor diesem Ort großen Respekt hatten. Unsere Ausgrabungen legten einen kleinen, hufeisenförmigen Tempel frei, mit einer Art Menhir in der Mitte, einem heiligen Stein

hatte. Sonst hätten sie nicht gerade hier eine so große Kathedrale gebaut. Für gewöhnlich erbauten sie ihre Kirchen oben auf den Stätten, die für jene Menschen, die sie bekehrten, die allerheiligsten waren. So wollten sie diese an demselben Ort zur Anbetung einer neuen Gottheit zwingen.

Mysteriös wurde es, als Jacqueline einen Mann, der am Fuß der Pyramide wohnte, nach deren Namen fragte. Er sagte, sie gehöre ihm, habe aber keinen Namen. Jacqueline wandte ein, daß ein so großes, von Menschen errichtetes Bauwerk einen Namen haben müsse. Aber nein, da gebe es keinen Namen. Abgesehen davon, daß das gesamte Gebiet das alte Tucumé sei, früher auch bekannt als *El Horno*, der Backofen.

Warum Backofen, fragten wir. Aber das wußte der Mann nicht. Wir fragten andere, und alle sagten, daß das alte Tucumé früher unter dem Namen *Der Backofen* bekannt gewesen sei. Wir fragten Menschen auf weitentfernten Höfen, wo der Backofen liege, und die Alten antworteten sofort, daß damit das alte Tucumé gemeint sei, wo die alte Kirche liege.

Ein Greis zeigte uns den richtigen Ofen. Er lag unmittelbar neben der riesigen Eingangstür der Kathedrale, nur fünf Schritte von der Ecke entfernt und in gerader Verlängerung der Fassade. Er sah wie ein großer Hügel aus erodiertem Adobe aus, und wir mußten über ihn hinüberklettern, um die Kirchenmauern umrunden zu können. Der Mann räumte ein paar trockene Zweige weg, welche die Öffnung verbargen. Als wir hineinschauten, sahen wir, daß wir wirklich einen Ofen vor uns hatten. Er war sehr groß, und die Hitze hatte die Adobeblöcke in der Deckenwölbung rotgebrannt. Niemand konnte uns sagen, wann dieser Ofen gebaut worden war, und wofür man ihn benutzt hatte. Ein paar Jahrzehnte zuvor hatte ein Mann versucht, Brot in ihm zu backen, aber es war nicht gelungen. Alle waren sich darin einig, daß der Ofen vermutlich ebenso alt war wie die Kirche, wenn nicht älter, denn kein Bauer würde einen Ofen unmittelbar an die Ecke einer Kathedrale bauen.

Als wir länger darüber nachdachten, kamen wir zu dem Ergebnis, daß dieser große Ofen sehr wichtig gewesen und auch vor Errichtung der Kirche gebaut worden sein mußte. Warum hätte man sonst das alte Tucumé nach dem Backofen und nicht nach der Kathedrale benannt?

Wer hat wohl diesen merkwürdigen Ofen an diesem auffälligen Ort, am Eingang der Kathedrale, errichtet? Er war in keinem Fall zum Brotbacken gebaut, und niemand in Tucumé errichtete Öfen von diesem Typ, um Keramik zu brennen. Bevor man die Kirche gebaut hatte, war das ganze Gebiet ein Begräbnisplatz gewesen. Immer, wenn wir die alte Kathedrale betraten, fanden wir auf dem Fußboden neue kleine provisorische Kreuze

mit Blumen. Die Katholiken praktizierten keine Einäscherung. Aber vielleicht war das bei jenen üblich gewesen, die vor der Zeit der Europäer die große Menge feiner Asche zum Fuß der Huaca I transportiert hatten. Man hätte allerdings mit der Aschenurne von diesem Ofen bis Huaca I einen langen Weg zurücklegen müssen. Aber eine Urne war leichter als ein Sarg. Und wir waren mit einem Sarg von einem einsamen Bauernhof aufgebrochen, der noch weiter abseits lag als der Backofen. Wir hatten ihn, in der Gemeinschaft alter und junger Tucumanen, zum neuen Friedhof auf der anderen Seite des heutigen Tucumé gebracht, vorbei am Ofen und an Huaca I. Und auf dem Kanal hatten die Menschen aus weit entfernten Orten des früheren Königreichs leicht in das Pyramidengebiet reisen können.

Ein reisendes Volk

Es gab genug Beweise dafür, daß die alten Peruaner reisten, sowohl zu Lande als auch zu Wasser. In längst vergangenen Zeiten benutzten sie das Lama oder dessen andischen Verwandten wie einen Packesel, bis dann die Spanier Esel einführten und die Lamas im Flachland völlig verschwanden. Alfredo fand auf dem Tempelplatz von Huaca I längs der Innenwände dicke Ablagerungen von Lamadung. In dem Lehm, dem man als Mörtel für die Adobeblöcke benutzt hatte, entdeckte man neben Abdrücken nackter Kinderfüße Spuren von kleinen Lamaklauen. Das

In den Lehmfußböden waren oft Fußabdrücke erhalten, und die Arbeiter amüsierten sich damit, ihre eigenen nackten Füße in ihnen zu messen und festzustellen, daß die Bevölkerung von heute die gleiche Größe aufweist wie sie ihre Vorfahren vor 500 Jahren hatten.

Unter den Opfergaben an der Außenseite des Tempels befanden sich auch viele neugeborene Lamas - in der jüngeren Vergangenheit an der Küste unbekannte Tiere, aber offensichtlich in alten Zeiten in Tucumé aufgezogen und sowohl als Lasttier wie als Nahrungsmittel genutzt.

deutet darauf hin, daß – damals wie heute – kleine Jungen Waren mit Packtieren beförderten. Auf dem Feld mit dem Wohngebiet fand Dan sogar gut erhaltene Reste eines Stalls, der voller Lamadung war.

Federn von tropischen Vögeln sowie der Steuerriemen eines Balsafloßes, die auf demselben Feld gefunden wurden, belegen die Reisen, die zu Wasser und zu Lande vor sich gingen. Man hatte Kontakt zu weit entfernten Dschungelgebieten, die entweder auf der anderen Seite der Anden oder weit oben an der Küste von Ecuador lagen.

Alfredo hatte eine Weile zwischen den Brandresten auf der obersten Plattform der Huaca Larga gearbeitet, als er durch den Lehmfußboden

Links: Eine der Opfergaben in dem kleinen Tempel war eine aus importierten Spondylus-muscheln geschnitzte, mit Mantel und Gürtel bekleidete Figur

Unten links: Eine entkleidete Spondylusfigur. Neben ihr Turban, Mantel und Gürtel.

Unten: Innerhalb der Tempel-wände und in unmittelbarer Nachbarschaft fand Alfredos Team verdeckte Öffnungen im Boden, in denen sich Men-schen- und Tieropfer befanden. Es konnte ein abgeschlagener Kopf oder eine Menschenhand sein.

Rechts: Unter den Opfergaben befanden sich auch viele Mi-niaturfiguren, ausgeschnitten aus dünnen, mit Gold belegten Kupferplatten. Sie konnten alles mögliche darstellen: Pflanzen und Fische, Krabben, Vögel, Keramikkrüge, Kopf-schmuck, Äxte und andere Ge-brauchsgegenstände bis hin zu Tragsesseln und Hängematten.

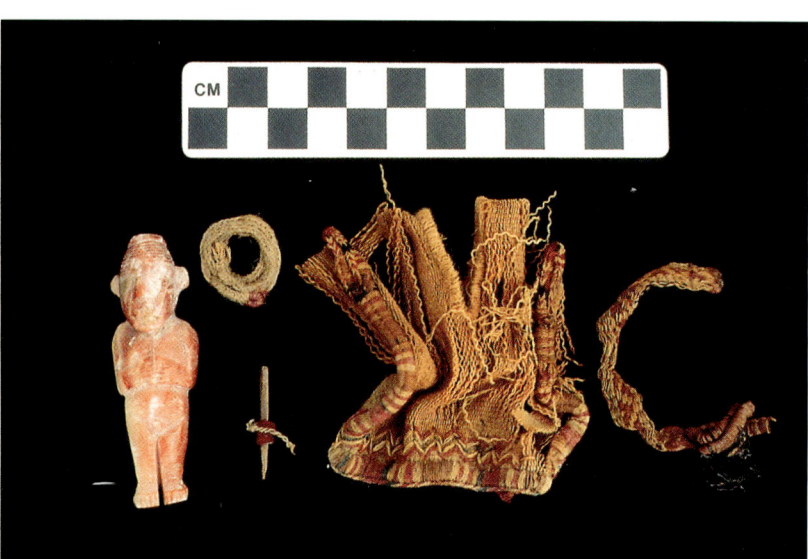

Rechts:
Eine Miniaturfigur, die aus Silber gegossen und in einen Mantel mit Brustnadel gekleidet ist, wurde als Opfergabe gleich in der Nähe gefunden.

des Inkasteintempels brach. Dort fand er auf der einen Seite die ersten präparierten Mumienbündel und auf der andern die Skelette einer großen Anzahl von Weberinnen mit aristokratischem Schmuck und kunstvoll geschnitzten Geräten.

Es bestand kein Zweifel mehr, daß in dieser Riesenpyramide, vielleicht ganz unten auf dem etwa 40 Meter tiefer liegenden Grund, ein bedeutender Herrscher begraben war. Tüchtige Weberinnen waren sowohl für die Inka als auch für deren Vorgänger ein sehr wichtiger Teil des Hofstaats gewesen. Es bestand aller Grund zu der Annahme, daß diesen jungen Frauen die große Ehre zuteil geworden war, ihrem Herrn in sein nächstes Leben zu folgen. Die Röntgenaufnahmen der ein paar Meter weiter vergrabenen Mumienbündel zeigten, daß sie Personen von hoher Herkunft enthielten. Eine von ihnen trug eine Krone und, neben anderen königlichen Insignien, einen mondförmigen Brustschmuck und Halsbänder.

Während Alfredo auf dieser oberen Plattform arbeitete, machte ihn seine Grabungsmannschaft auf eine kleine Erhöhung im Hügel, weit unten am Fuß der steilen Pyramidenwand, aufmerksam. Dort unten sah man die Vertiefung des früheren Sees, in dem der Riesenrochen gelebt haben sollte, der dem Berg seinen Namen gegeben hatte. Die leichte Erhöhung unmittelbar daneben war es, die nach Meinung von Alfredos Leuten etwas Wichtiges enthalten mußte. Alfredo schickte einige seiner Männer hinunter, um herauszufinden, was diese Anhöhe verbarg.

Hier kam das seltsamste Indiz dafür ans Tageslicht, daß Tucumé ein Zentrum für den peruanischen Verkehr der Frühzeit war. Zuerst entdeckte Alfredo einen kleinen hufeisenförmigen Tempel, in dessen Mitte sich ein schräg gestellter *menhir* befand. Anfangs sah alles ganz unbedeutend aus, aber es wurde ein Zeremonialweg gefunden, der unmittelbar an dem kleinen Tempel vorbeiführte. Und überall, hier und um den Komplex herum, entdeckte man Opfergaben. Sie schlossen nicht weniger als 30 neugeborene Lamas ein.

In einem tiefen runden Loch lag ein abgeschlagener Menschenkopf, in einem andern eine Hand. Unter den Opfergaben waren über 250 kunstvolle Miniaturarbeiten, ausgeschnitten aus dünnen Silberplatten. Sie stellten Fisch, Vogel, Krabbe, Puma, Blätter, Bäume, Schlaghölzer, zeremonielle Äxte, Schilde, Paddel mit einem oder zwei Blättern, Trompeten, Panflöten und andere Blasinstrumente, Trommeln, Rasseln, Sonnenschirme, Tragsessel, Hängematten, Krüge mit einfacher oder doppelter Tülle und andere Vasen, Sandalen, menschenähnliche Masken, verschiedene Formen zeremonieller Kopfbedeckung, königliche Insignien und ei-

Rechts:
Vorder- und Rückenansicht der faszinierendsten und schönsten aller Opfergaben, die wir in dem kleinen Tempel fanden. Eine aus Silber gegossene Figur, die in einen prächtigen und gut erhaltenen Federumhang gehüllt ist. Er wurde aus den feuerroten Daunen eines Dschungelvogels gearbeitet, der entweder in Ecuador oder im Regenwald auf der anderen Seite der Anden beheimatet ist.

nige unbestimmbare Formen dar, die wahrscheinlich größtenteils Reste der Silberplatten waren, aus denen man diese Figuren ausgeschnitten hatte.

Die schönsten Opfergaben waren einige sorgfältig gearbeitete Silberfiguren von acht bis 17 Zentimeter Höhe. Sie waren also viel größer als die Silberminiaturen und im Gegensatz zu ihnen in einer Form gegossen worden. Die Figuren waren nackt, jedoch nachträglich bekleidet worden, einige mit mehrfarbigem, aus Baum- oder Alpakawolle gewebtem Stoff. Die allerschönste war ganz und gar von einem sorgfältig gearbeiteten Federumhang aus prächtigen hochroten Daunen von Dschungelvögeln bedeckt, die Jäger von weither geholt hatten.

Diese Figur, deren roter Federumhang von einer traditionellen Silbernadel zusammengehalten wurde, hatte Alfredo aus einem tiefen Opferloch geholt. Er erfuhr, daß andere Archäologen vor kurzem eine ebensolche Figur in dem gleichen roten Federumhang gefunden hatten, die bis in das kleinste Detail mit unserer identisch war. Das war allerdings in Chile gewesen, etwa 6000 Kilometer südlich von Tucumé.

Beide Exemplare stammten aus der Inkazeit und belegen Kontakte über weite Entfernungen in voreuropäischer Zeit. Unversehrte Spondylusmuscheln aus dem in entgegengesetzter Richtung liegenden Ecuador fanden sich ebenfalls als Opfergaben in diesem scheinbar unbedeutenden, gleichwohl wichtigen religiösen Tempel.

Muscheln und Seefahrer

Der allermerkwürdigste Beweis für die Reisen der eingeborenen Peruaner war ein Haufen kleiner Tonscherben, der, als bescheidene Opfergabe in ein Loch gelegt, in demselben Tempel gefunden wurde. Die Menschen in unserem Labor versuchten sofort die vielen Bruchstücke zusammenzusetzen und stellten fest, daß keines von ihnen mit einem andern zusammenpaßte. Aufgrund des Materials, der Form und des Dekors konnten sie herausfinden, daß die Scherben aus ganz verschiedenen Teilen Perus stammten und zu unterschiedlichen kulturellen Perioden gehörten. Wie sollte man das erklären?

Es war deutlich, daß alle zum gleichen Zeitpunkt dort hingelegt worden waren. Sie konnten auch kaum einem prähistorischen Sammler gehört haben, der bestimmte Typen von Tonscherben zusammentrug, wie heute ein Philatelist seine Briefmarken. Die einzige Erklärung war, daß Pilger aus verschiedenen Teilen des Landes zu den wichtigen Pyramiden in Tucumé kamen, und, wie es Brauch und Sitte war, als symbolischen

Beitrag zum Tempel eine Tonscherbe mitbrachten. Zu einem bestimmten Zeitpunkt hatte der Tempelwächter es sicherlich für angebracht gehalten, die gesamte Sammlung der Gottheit des Tempels zu opfern.

Wir kennen nicht die Reiserouten der beiden identischen Silberfiguren in ihren Federumhängen, die in Tucumé beziehungsweise in Chile gelandet waren. Vielleicht waren beide von demselben Inkakunsthandwerker in einer Werkstatt in Cuzco hergestellt worden. Aber die Spondylusmuscheln müssen aus einem tiefen tropischen Gewässer vor der Küste von Ecuador stammen, wenn nicht von noch weiter nördlich.

Unsere Funde in Tucumé entsprechen etwa denen, die Archäologen und Huaqueros überall in Peru in Grabkammern und Zeremonialgebäuden gemacht haben. Schon als sich die ersten Kulturen herauszubilden begannen, hatten Seefahrer, deren Weg über die Gewässer nördlich des späteren Inkareichs führten, diese Muscheln als persönliches Eigentum oder als Handelsware in südlichere Gegenden gebracht. Aber erst ab etwa 600 nach Christus finden sie sich so häufig, daß man auf größere Seetransporte schließen kann.

Schilfboot und Holzflöße

Historische Funde belegen, daß steuerbare Flöße für Reisen auf dem Meer genutzt wurden. Bevor die Inka die Herrschaft übernahmen, bevorzugte die Küstenbevölkerung geräumige Segelflöße aus Balsastämmen. Boote aus Schilfbündeln wurden häufiger auf den Binnenseen im Hochland verwendet, dort waren Balsastämme schwer zu beschaffen. Auch wenn Schilfboote mit erhöhtem Bug und Achtersteven bis in die jüngste Vergangenheit hin und wieder an der Küste benutzt wurden, waren es die stoßzahnförmigen Einmannboote aus Totoraschilf, die im täglichen Gebrauch der Fischer überlebten.

Dank der Kunst der präinkaischen Zeit wissen wir, daß schon seit der Mochica-Periode Schilfboote und auch Holzflöße auf dem Stillen Ozean längs der offenen Küste Perus verkehrten. Wenn man von der überwältigenden Anzahl abgebildeter Schilfboote und den vergleichsweise seltenen Darstellungen von Holzflößen ausgeht, kann man annehmen, daß zu den Zeiten der Mochica und der Chimú Schilf häufiger zum Bau von Fahrzeugen verwendet wurde als Balsaholz. Aber es mag auch eine Rolle gespielt haben, daß ein stolzes, mondsichelförmiges Schiff für die künstlerische Wiedergabe reizvoller und wohl auch leichter darzustellen ist, als eine simple Plattform von Stämmen.

Der Autor führt eine Repräsentantin der Strømmestiftung durch das Museum. (Foto: Strømmestiftung)

Göttliche Könige auf Holzflößen, die von schwimmenden Männern gezogen werden, sind jedoch ein von Mochicakrügen wohlbekanntes realistisches Motiv. Weit charakteristischer für die früheste Periode ist jedoch das mondsichelförmige Schilfboot, mit einem oder zwei Paddlern an Bord. Solche Boote sind oft auch auf Stoffen sowie in Reliefs von Silberschüsseln und in Ornamenten abgebildet.

Die komplizierteren Strichzeichnungen solcher Mochicaschiffe haben unter Wissenschaftlern und Laien viele Diskussionen ausgelöst. Sie zeigen gewöhnliche Schiffe aus Schilfbündeln mit erhöhtem Bug und Achtersteven. Der Achtersteven ist oft zweigeteilt. Die erhöhten Endteile sind zu Köpfen von Seeungeheuern oder mythischen Schlangen geformt. Diese Schilfboote haben meist ein doppeltes Deck, so wie es frühe Augenzeugen von den Balsaflößen in Peru berichten. Auf dem untersten Deck sieht man zuweilen aufgereihte Wasserkrüge, auf anderen Darstellungen Reihen kleiner Männer, die, manchmal mit Stricken gebunden, wie Gefangene wirken. Auf dem obersten Deck steht der Sonnengott oder ein Priesterkönig mit einem Gefolge, das gewöhnlich aus Männern mit Vogelkopf besteht. Manchmal ziehen andere Männer mit Vogelkopf das Schilfboot an einem Tau durch das Wasser. Alle diese Helfer haben die langen Schnäbel der Seevögel, während die Vogelmänner auf dem Deck kurze krumme Schnäbel wie Raubvögel haben.

Den meisten von uns, die Informationen über diese faszinierenden Seefahrtsszenen aus der Mochicazeit sammeln, fiel ein Detail besonders auf: Die Schiffe werden häufig so dargestellt, als liefen sie auf menschenähnlichen Füßen über das Wasser. Die Schenkel sind meist so breit, daß sie wie *quaras* oder Leeborde aussehen.

Eines Tages betrachteten einige von uns gemeinsam mit dem Direktor des Kon-Tiki-Museums, Øystein Koch Johansen, eine Auswahl derartiger Bootzeichnungen aus der Mochicazeit. Øystein Koch Johansen ist selbst Archäologe und auf die Religionen der Antike spezialisiert. Er kannte die Inkalegende von dem präinkaischen Priesterkönig Kon-Tiki Viracocha, der »auf dem Wasser ging«, als er nach Peru reiste. Plötzlich zeigte er auf die Beine eines dieser Mochicaschiffe und die Füße, die über den Wellenkamm liefen, und dann erinnerte er uns an diese Vorstellung, die von den Inka benutzt worden war. Es war deutlich, daß ihrer Gestaltung eine poetische Wendung zugrunde lag, die sie von ihren Vorgängern übernommen hatten.

Der Bootsbauer Paulino

Ein deutsches Filmteam besuchte uns in Tucumé. Sie brauchten die Hilfe der einheimischen Fischer, um ein großes Schilfboot zu bauen, mit dem sie zu den Galapagosinseln vor der Küste von Ecuador segeln wollten.

Fast 200 Einmannboote aus Totoraschilf waren in dem nächstgelegenen Fischerdorf Pimentel in Gebrauch, und es waren noch mehr in Santa Rosa, das einige Kilometer weiter südlich liegt. Aber das Totoraschilf, das früher in großen Mengen entlang der gesamten Küste angebaut wurde, verschwand in dem Maße, in dem sich die moderne Zivilisation ausbreitete. Die Fischer hatten die Behörden ersucht, ein Gebiet zu reservieren, wo sie den Anbau ihres Schilfs fortsetzen könnten, und wir hatten sie dabei unterstützt. Da Schilfboote mit einem einfachen Achtersteven nun schon auf drei Weltmeeren getestet worden waren, schlug ich den Deutschen vor, eine der Mochicavarianten mit doppeltem Achtersteven nachzubauen. Sie holten viele Wagenladungen Totoraschilf aus dem bewässerten Gebiet, das nach wie vor das Baumaterial für die Schilfboote der Fischer in Huanchaco, in der Nähe der alten Chimú-Hauptstadt Chan-Chan, liefert.

In den unterhalb von Tucumé gelegenen Fischerdörfern Pimentel und Santa Rosa experimentierten wir mit dem Bau von Schilfbooten nach Darstellungen in der präinkaischen Kunst. (Foto: Lise Lian)

Der Aymara-Indianer Paulino vom Titicacasee war ein erfahrener Schilfbootbauer, der uns früher dabei geholfen hatte, die großen Schilfboote zu bauen, welche die Weltmeere überquert hatten. Zuerst war er nach Marokko gekommen, um *Ra II* zu bauen, die über den Atlantischen Ozean gesegelt war. Später mußte er nach Oslo kommen, um an demselben Fahrzeug ein »Gesichts-Lifting« vorzunehmen. Es hatte nämlich die Fasson verloren, da Schilf und Tauwerk nach der Reise trocken geworden waren.

Dann war er in den Irak gekommen, um die *Tigris* zu bauen, die den Indischen Ozean überquert hatte. Später hatte er *Uru* gebaut, mit der Kitin Muños den Stillen Ozean überquert hatte. Und schließlich war er nach Dänemark gekommen, um ein Schilfboot herzustellen, das im Wikinger-Museum in Roskilde ausgestellt werden sollte. Jetzt hatten die Deutschen Paulino nach Nordperu geholt, um den einheimischen Fischern zu zeigen, wie ihre Vorväter große Fahrzeuge mit doppeltem Achtersteven gebaut hatten.

Ohne jede Schwierigkeit hatte er schon ein Modell für uns angefertigt. Diesmal kam Paulino Esteban mit einer eigenen vornehmen Visitenkarte, die seinen Titel als *constructor de balsas* angab. Die Adresse lautete: *Suriqui Island, Lake Titicaca.*

Die Deutschen bekamen ihr Fahrzeug. Und mit dem doppelten Achtersteven lag es so sicher und beständig in der Meeresdünung, daß selbst der Filmregisseur im letzten Augenblick vor der Abreise impulsiv an Bord sprang, gefolgt vom Arzt. Das Schiff sah prächtig aus. Mit einem Amyara-Indianer, der das Segel hißte, und einem einheimischen Fischer am Steuerriemen, fuhr es auf den offenen Ozean hinaus. Ich wurde eingeladen, vom Kai aus an Bord zu kommen und sie zu begleiten. An Deck fand ich den Arzt und den Regisseur in je einem der krummen Achtersteven ausgestreckt. Sie lagen da wie in einem Liegestuhl. Beide sahen unheilbar seekrank aus.

Zum Glück für die beiden verweigerten die Behörden von Ecuador die Landeerlaubnis für die Galapagos, es sei denn, man laufe zuerst in den Hafen von Guayaquil ein, um hier die Anlegeerlaubnis für die ecuadorianischen Inseln zu erwirken. Da entschlossen sich die Deutschen, auf der Stelle die Filmexpedition im peruanischen Fahrwasser abzubrechen, und gingen an Perus Nordküste an Land. Das stolze, verlassene Schilfschiff *Chimok* segelte einsam weiter mit dem Humboldtstrom. Nicolas, der peruanische Fischer, der mit an Bord gekommen und bis dahin nur sein bescheidenes Einmannfahrzeug gewöhnt gewesen war, weinte. Er mußte sich von dem großen Schilfboot trennen, das er erfolgreich um die Lobosinseln gesegelt hatte.

Schilfboote mit doppeltem Achtersteven

Von dem Augenblick an, als die Fischer an der Küste sahen, wie interessiert wir an ihren kleinen traditionellen Schilfbooten waren, organisierten sie Paddelwettkämpfe mit ihren Einmannbalsas. Mit den etwas größeren Fischerbooten aus Balsastämmen veranstalteten sie reguläre Segelregatten. Es wurden sogar nach eigenem Entwurf größere Schilfboote gebaut und auf Balsa-Festspielen benutzt.

Sie begannen mit einem Meeresfestival in Huanchaco, in unmittelbarer Nähe der Ruinen von Chan-Chan. Kostümierte Männer und Frauen stellten den Landgang von König Takaynamo dar, als er mit seinem Gefolge landete und das Chimú-Reich gründete. Danach folgten das Festival in Pimentel und Santa Rosa, mit großen Schilfbooten, die der Überlieferung nach König Naymlap und Königin Ceterni an die Lambayeque-Küste gebracht hatten.

Bevor das deutsche Filmteam das majestätische Schilfschiff *Chimok* baute, hatten die Fischer in Pimentel dabei geholfen, ein kleines und ziemlich provisorisches Schilfboot mit doppeltem Achtersteven auszuprobieren. Sie hatten es im Verlauf von ein paar Tagen ohne Hilfe eines Schilfbootexperten vom Titicacasee gebaut. Mit elf Fischern und dem alten Vater von Nicolas als Kapitän an Bord, segelten wir dieses Schilffahrzeug innerhalb von ein paar Stunden nach San José, der nächsten, nördlich gelegenen Stadt. Dabei begleitete uns eine stattliche Eskorte von fast 100 Einmann-Schilfbalsas.

Dieses einfache Experiment reichte aus, um nachzuweisen, daß die Vorteile eines doppelten Achterstevens nicht allein in der erhöhten Stabilität und dem größeren Bambusdeck – mit mehr Platz für Mannschaft und Fracht – lagen. Er löste zugleich das komplizierte Problem, wieder an Bord zu gelangen oder sich dorthin zu retten, wenn man freiwillig oder unfreiwillig in den Wellen gelandet war. In einer solchen Situation an Bord eines Schilfboots zu gelangen ist ebenso schwierig, wie

Zur Probe segelten wir ein Schilfboot mit doppeltem Achtersteven, das nach einem Mochica-Modell gebaut worden war, von Pimentel zur nächsten nördlich gelegenen Stadt an der Küste.
(Foto: Heinz Pflenge)

auf eine große Tonne zu klettern, die hoch im Wasser schwimmt. Es ist nahezu unmöglich, es sei denn, jemand wirft ein Tau aus. Wenn aber das Boot einen geteilten Achtersteven hat, kann man direkt in die Gabelung schwimmen und hinaufklettern.

Noch wichtiger war die souveräne Sicherheit, mit der das Schiff beständigen Kurs zu halten vermochte, wenn es durch die tosende Brandung vor der offenen Küste an Land gesteuert wurde. Jedes Kanu, jeder Katamaran oder andere beliebige Bootstypen laufen in den Brechern Gefahr, sich seitlich zu drehen und umzukippen, wenn es der Mannschaft nicht gelingt, den Achtersteven gegen die Wellenwände zu halten. Wenn die Brandung in einen geteilten Achtersteven einbricht, schubst sie jedes der beiden Enden in seine Richtung, und das Schilfschiff reitet mit beständigem Kurs direkt auf den Strand.

Obwohl Peru heute eine ganz moderne Fischereiflotte hat, überleben an großen Teilen der Nordküste die kleinen selbstgefertigten Balsas des traditionellen Typs merkwürdigerweise recht gut. Das Wort *balsa* ist unbekannten Ursprungs.

Seit der Zeit der Entdeckungen wird es in der Bedeutung von Floß verwendet, unabhängig davon, ob das Floß aus Holz ist oder aus Schilf. Außerdem wurde auch eine spezielle Holzsorte so genannt, die leichter ist als Kork, *ochroma*. Sie fand für den Bau ecuadorianischer und peruanischer Holzflöße Verwendung.

Dan fand Beweise dafür, daß Tucumés ursprüngliche Bevölkerung die beiden Schiffstypen kannte, die für Peru in prähistorischer Zeit typisch waren. Neben einem großen mauersteinfarbenen Krug, der im Wohngebiet begraben war, tauchte der obere Teil von zwei pechschwarzen, kunstvoll modellierten Krügen auf, beide typisch für den präinkaischen Chimú-Stil. Der eine stellte einen Trommelschläger dar, bei dem andern war die Tülle wie ein hoher Hut oder ein Kopfschmuck geformt.

Im Lambayeque-Tal bestehen die heutigen Balsas aus Totoraschilf, aber ein wenig weiter nördlich werden alle aus Balsaholz gebaut. Große Balsaflöße aus Stämmen, die man aus dem Dschungel östlich der Anden heranschafft, werden noch von einigen Fischern im südperuanischen Hafen Ilo, gleich unterhalb des Titicacasees, benutzt. Heute findet man die schönsten Schilfbalsas gerade auf diesem wilden Gebirgssee. Unsere Ausgrabungen haben gezeigt, daß vor der Eroberung der Küste durch die Inka beide Typen in Tucumé bekannt waren.

Als Dan mit den Ausgrabungen in dem Feld auf der Südwestseite des Pyramidenkomplexes, wo wir das Wohngebiet vermuteten, begann, fand er zuerst einen Steuerriemen aus knochenhartem Holz. Er war von dem ganz speziellen Typ, der oben auf dem Blatt einen kurzen Handgriff hat, so wie er an der Küste von Lambayeque immer noch zum Steuern von Segelflößen aus Balsastämmen benutzt wird. In der Nähe entdeckte Dan außerdem ein Keramikfahrzeug aus der Chimú-Periode. Es stellt zwei Männer auf einem stolzen Schilfboot mit aufgebogenem Steven dar.

Der Mann mit Hut und ein Mitpassagier saßem im Gespräch an Bord eines Schilfbootes mit einem aufwärtsgeschwungenen Steven. Das demonstrierte den Kontakt der ursprünglichen Bevölkerung von Tucumé zum Meer. Wir wußten, daß die Bevölkerung segelführende kleine Flöße aus Balsastämmen mit Steuerriemen benutzte und mit bootförmigen Flößen aus Schilfbündeln vertraut war.

Seite 146/147: Unsere vielleicht wichtigste Entdeckung in Tucumé war ein kleiner, vergrabener Tempel im südlichsten Bereich des Pyramidenkomplexes. Alfredo war dem Hinweis eines ehemaligen Grabräubers gefolgt, der dort, wo er gehofft hatte, ein Grab mit Gold und Silber zu finden, auf Adobewände gestoßen war. Unsere behutsamen Ausgrabungen legten eine Wand frei, die mit Hochreliefs bedeckt war. (Foto: Lise Lian)

Die große Entdeckung

Die eindruckvollste Darstellung von Schilfbooten, die je in Amerika entdeckt wurde, fand Alfredos Team in einem scheinbar uninteressanten Hügel, ein paar hundert Meter weiter südlich. In diesem südlichsten Außenbezirk des archäologischen Gebiets lagen zwei hohe Pyramiden, die so stark erodiert waren, daß sie am ehesten steilen Kegeln glichen. Zwischen ihnen befand sich eine kleine Erhöhung. Das Terrain ließ Spuren von Plünderung erkennen. Es lag gleich neben einer Kollektivwirtschaft und war stellenweise von Bäumen verdeckt. Alfredo hatte von einem früheren Huaquero einen Tip bekommen und grub einen Testschacht in diesen Hügel.

Dort, wo sein Informant angeblich »etwas« gesehen hatte, entdeckte er, daß der Grabräuber einen tiefen und schmalen Graben ausgehoben hatte. Dadurch war ein Abschnitt einer Adobewand zerstört worden. Als sie dem unversehrten Teil der Wand folgten, sahen Alfredo und seine Arbeiter zu ihrer Überraschung, daß sie mit Reliefs bedeckt war, Darstellungen, wie sie keiner von ihnen je gesehen hatte. Nachdem die Ausgrabung eine Zeitlang mit Kelle, Pinsel und Blasebalg fortgesetzt worden war, kam ein großes Relief zum Vorschein, das ein maritimes Motiv zeigte. Es stellte Männer mit Vogelkopf an Bord von zwei großen Schilfbooten dar.

Das erste Motiv, das zum Vorschein kam, waren zwei große Schilfboote. An Bord befanden sich Männer mit Vogelkopf.

Mitten auf dem Deck war eine Hütte, und eine große Anzahl von Riemen steckte im Wasser. Auf jedem Boot befanden sich zwei große mythische Figuren, die das Deck beherrschten. Sie trugen königliche oder zeremonielle Kopfbedeckungen, die aus der Kunst der präinkaischen Zeit bekannt sind. Alle vier hatten Vogelköpfe und Arme, die einen Paddelgriff hielten. In jedem Boot befanden sich ein Vogelmann mit Menschenkörper und menschlichen Gliedmaßen und ein anderer, der Vogel war, aber Menschenarme hatte. Die Boote waren von tauchenden Seevögeln und Fischen umgeben; bei einem der Balsas tauchte ein Vogel unter den Achtersteven. Den hartgestampften Lehmfußboden entlang zog sich ein Fries mit schwimmenden Seevögeln. Der Raum war offensichtlich Teil eines früheren Tempels. Unter den Fahrzeugen fand sich eine kunstvolle Borte von dekorativen Symbolen. Die Symbole sind aus der präinkaischen Kunst als »anthropomorphe Wellen« bekannt, weil der Kamm der sich brechenden Wellen gewöhnlich in Menschenköpfen endet. In diesem speziellen Fall enden die Wellenberge in Vogelköpfen, während Menschenhände einen runden Gegenstand halten. Erst nachdem Alfredo die Ausgrabungen auf der Rückseite dieser Wand fortgesetzt hatte, wurde klar, was dieser runde Gegenstand eigentlich bedeutet.

Jacqueline, Alfredo und der Autor unmittelbar nach der Entdeckung. (Foto: Lise Lian)

Vogelmänner – wie auf der Osterinsel

An der Außenseite der Tempelwand kam eine Rampe zum Vorschein. An deren Seitenwand befanden sich ein stilisiertes geometrisches Schmuckelement und darüber eine lange Borte mit zusammengekauerten Vogelmännern. Alle hatten den gleichen runden Gegenstand in der Hand, der auch auf den Friesen unter den Balsaflößen dargestellt war.

»Das sind Vogelmänner, die in der Hocke sitzen und ein Ei in der Hand halten, genau wie auf der Osterinsel«, rief Arne Skjølsvold aus. Er ist der einzige Archäologe, der auf der Osterinsel gearbeitet hat – von unserer ersten Expedition an, die von 1955 bis 1956 dauerte bis heute. Er war bereits wieder auf dem Weg zurück zur Insel, und für ihn gab es keinen Zweifel. Dies Motiv ist so charakteristisch für alle religiöse Kunst auf der Osterinsel, daß die Archäologen, nachdem die Routledge-Expedition

Ein Bestandteil des Wellenmotivs sind Männer mit Vogelkopf, von denen jeder ein Ei in der Hand hält - ein Element, das bislang nur von der Osterinsel bekannt war.

1917 seine Bedeutung hervorgehoben hatte, im gesamten Bereich des Stillen Ozeans nach weiteren Darstellungen suchten. Der Vogelmann, der mit gebeugtem Rücken und einem Ei in der Hand dahockt, ist auch heute noch das populärste Motiv in der Kunst der Osterinsel. In früheren Zeiten führten die Bewohner der Osterinsel eine jährliche Vogelmann-Zeremonie durch. Damals fuhren sie auf Einmannbooten aus Totoraschilf, so wie sie noch heute in Peru benutzt werden, zu einigen kleinen Felseninseln unmittelbar vor der Küste. Ziel des Wettbewerbs war es, das erste Ei des Jahres zu holen, das von einem ganz bestimmten Zugvogel gelegt wurde. Er kam Jahr für Jahr von der unbewohnten Felseninsel Sala-y-Gómez nach Südamerika. An den Tempelwänden in Tucumé hatten wir mythische Vogelmänner gesehen, die Boote aus Totoraschilf über das Meer steuerten, und andere, die mit einem Vogelei in der Hand dasaßen. Konnten Schilfboote aus Totora die weite Strecke von dieser Küste bis zur Osterinsel segeln? Wir wußten, die Antwort war ja. Kitin Muños, einer der ersten, die uns besuchten, nachdem wir die Balsareliefs entdeckt hatten, war mit seinem Schilfboot *Uru* doppelt so weit gereist, als er von Peru nach den Marquesas-Inseln in Polynesien segelte.

Rechts von den Schilfbootreliefs war die Wand von Grabräubern durchbrochen worden. Hier fand Alfredo Teile einer älteren Wand mit Reliefs von anderen mythologischen oder religiösen Szenen.

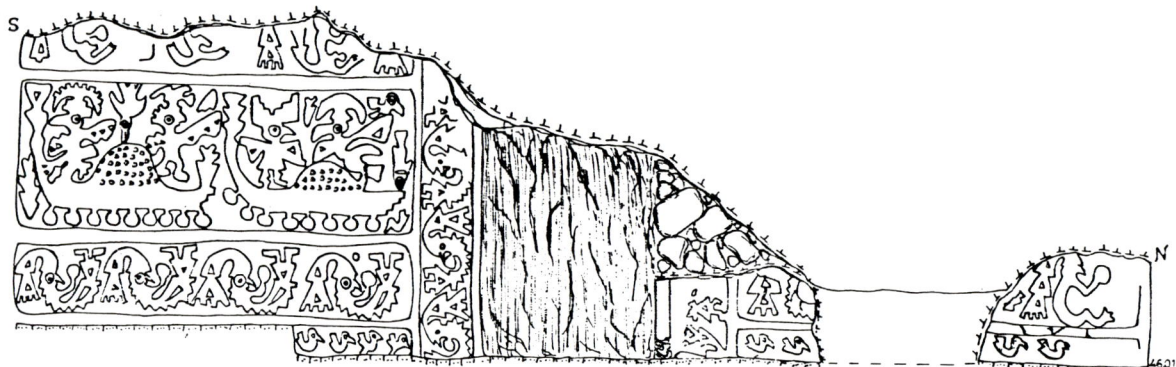

Hinter der Mauer mit dem Balsafloß fanden wir eine eigenständige und noch ältere Mauer mit einem Motiv im Mochicastil, das eine zeremonielle Tieropferung darstellte. Ein Priester hielt ein Lama an einem Tau, während dahinter andere mythische Tiere warteten. Leute tanzten, einige trugen Masken, einer hatte die Füße oben und den Kopf unten.

Auch wenn die Tucumé-Reliefs mythische Motive darstellten, konnte man viel aus ihnen entnehmen. Der legendäre Naymlap selbst war als Vogelmensch symbolisiert, und sein Name wurde von vielen mit »Vogel vom Meer« übersetzt. Vielleicht sind es Naymlap und sein Gefolge, die man auf Tucumés Schilfbootreliefs dargestellt hat.

Wir können nicht sehen, ob der Achtersteven an den Fahrzeugen der

Gebeugte mythische Figur – wie auf der Osterinsel.

Vogelmänner – wie so oft in den Strichzeichnungen der Mochica dargestellt – gespalten ist, denn auf dem Relief sind die Schilfboote im Profil zu sehen und schließen mit Stufen ab, wie eine umgekehrte Treppe. Aber

Die Seitenwand einer verzierten Rampe. Über den geometrischen Mustern zeigt das Relief eine komplette Reihe von Vogelmännern, die jeder ein Ei in der Hand halten.

Ein Paddel mit zwei Blättern, zu klein, um praktisch genutzt worden zu sein, wurde von einem unserer peruanischen Archäologiestudenten mitten auf dem Tempelhof von Huaca I, in einem Probeschacht, gefunden. Solche Paddel wurden als Symbol hohen Ranges in den Händen von Häuptlingen aus der Mochica-Periode abgebildet. Sie finden sich in Peru ebenso wie auf der Osterinsel, sind aber sonst im Bereich des Stillen Ozeans unbekannt. Kleine Exemplare wie das in Tucumé, gefundene wurden auf der Osterinsel, unter dem Namen rapa, bei traditionellen Tänzen benutzt.

diese geniale Stufenform wirkt genauso, als wäre der Achtersteven nach oben gebogen. Wenn eine große Welle das Fahrzeug von hinten einholt, wird sie sich zunächst den Weg unter den Steven bahnen und ihn Stufe für Stufe anheben, statt über Bord zu schlagen.

Offensichtlich entstanden die Stufen durch einzelne Schichten von Schilfbündeln. Da die Schilfbootbauer die Bündel selten kleiner machen als einen halben Meter im Durchmesser, kann man leicht ausrechnen, daß die auf dem Tucumé-Relief abgebildeten Schiffe etwa 12 Meter lang waren, also die gleiche Größe hatten wie unser Schilfboot *Ra II*, das den Atlantik überquerte. Der dargestellte Bug erinnert auffallend an die dekorativen Papyrusblüten, die im Altertum für die Schilfschiffe der Alten Welt charakteristisch waren. Hier finden wir jedoch nicht nur eines, sondern viele solcher papyrusähnlichen Symbole übereinander.

Die Kajüte ist so gebaut, daß sie, wie wir aus Erfahrung wissen, auf See den Attacken der Natur widerstehen kann. Sie ist aus gespaltenem Bambus geflochten, so wie noch heutzutage viele Fischerhütten an dieser Küste. Planken würden unter den Brechern des offenen Meeres splittern, aber geflochtener Bambus ist genauso flexibel wie Korbarbeit und wird jedem Seegang standhalten. Wir hatten auch gelernt, daß die Hütte an Deck gewölbt und so niedrig wie möglich sein muß, um von Windstößen verschont zu bleiben und die Segelführung nicht zu stören.

Ein Teil ihres Lebens

Die merkwürdigen runden Blätter an den Riemen waren für Kitin und mich vielleicht die interessantesten Details. Wir hatten erlebt, daß das starre Holz in den Steuerriemen der einzige verwundbare Teil eines Schilfboots ist. Wir hatten gesehen, daß Riemenschäfte, dick wie Telegrafenmasten, in hoher See wie Streichhölzer brachen.

Bei einigen der auf Mochicakeramik gemalten Schilfboote, die so aussehen, als liefen sie über die Wellenkämme, ist vorn und achtern ein großes rundes Ruderblatt ins Wasser gesteckt. Auf den einfachen Strichzeichnungen sind diese Ruderblätter kreuzweise schraffiert, genauso wie die geflochtenen Bambushütten auf unseren Tucumé-Schilfbooten.
Wir hatten an einem Modell mit einem solchen Steuerriemen vorn und hinten experimentiert. Es waren Riemen, wie man sie üblicherweise zum Steuern auf Flüssen benutzt. Es zeigte sich, daß sie sehr gut geeignet waren, einen beständigen Kurs zu halten, auch auf dem Meer. Und jetzt hatten wir zusammen mit Nicolas und unseren Fischerfreunden einen großen Steuerriemen ausprobiert, dessen Schaft aus mehreren zusammengebundenen Bambusstöcken bestand und dessen Blatt wie ein Korb aus gespaltenem Bambus geflochten war.
Der Riemen funktionierte perfekt. Er bewegte sich hinter uns im Wasser mit der gleichen Flexibilität wie der Schwanz eines Fisches. Im Triumph segelten wir unterhalb von Tucumé auf den offenen Stillen Ozean hinaus – mit dem ersten in moderner Zeit gebauten Schilffahrzeug mit doppeltem Achtersteven und mit dieser neuentdeckten Steuertechnik.
Wir waren nicht weiter von der Küste entfernt, als daß wir die Menschen, die an Land mit uns liefen, wie ein Gewimmel von Ameisen erkennen

Darstellungen auf Krügen aus der uralten Mochica-Kultur und Reliefs, die wir bei Ausgrabungen in Tucumé fanden, lehrten uns den genialen Trick, Ruderblätter aus geflochtenem Bambus herzustellen. Sie sind so flexibel, daß der Holm nicht in den Wellen bricht. (Foto: Lise Lian).

Beispiele für die unendliche Vielfalt von Keramikkrügen im Grabgut von Tucumé

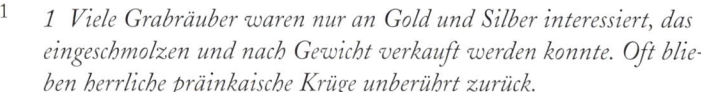

1 Viele Grabräuber waren nur an Gold und Silber interessiert, das eingeschmolzen und nach Gewicht verkauft werden konnte. Oft blieben herrliche präinkaische Krüge unberührt zurück.

2 Unter den Schmuckstücken befanden sich auch Ringe aus Silber und Gold. Selbst auf ihnen sieht man den großäugigen, tauchenden Seevogel, der auf Fresken dargestellt ist, die wir auf der obersten Plattform der Huaca Larga entdeckt hatten.

3 Aus Knochen geschnitzte Löffel. Bei vielen war der Stiel oben in Form eines Fisches, Seevogels oder als skurrile Komposition gestaltet. So läßt der kürzeste Löffel auf dieser Abbildung eine Person erkennen, die ein großes vierbeiniges Tier auf dem Kopf und ein anderes in der Hand trägt.

4

5

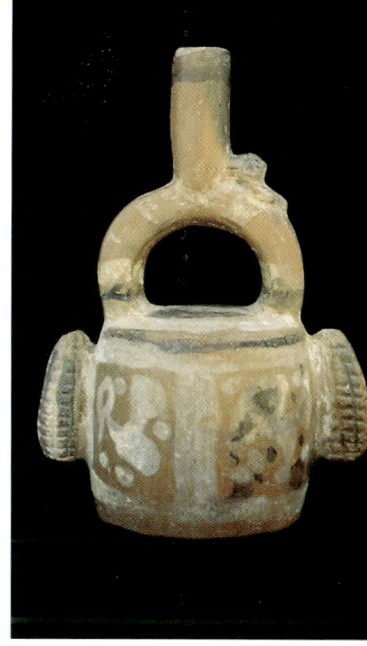

6

7

8

9

6 Maiskolben waren als Gegenstand der Kunst ebenso wichtig wie als Nahrungsmittel. Hier werden sie als Applikation auf einem mit Vogelmotiven geschmückten Krug verwendet.

7 Doppelköpfiger Krug, der hin und wieder auch als Januskopf vorkommt.

8 Ein Krug im typischen Lambayeque-Stil, begehrt von den Archäologen, die ihm den Namen Huaca Rey, Königskrug, gegeben haben.

4 Unsere tüchtigen peruanischen Restauratoren setzten die Scherben dieses Krugs zusammen, der in der Form eines phantasievoll bemalten Tieres aus der Katzenfamilie wiedererstand. In Peru symbolisierte es königliche und göttliche Herkunft.

5 Ein geflecktes, pantherähnliches Tier aus der Katzenfamilie sitzt als Dekoration auf einem Krug, der in Tucumé ausgegraben wurde.

9 Krug in Form eines Affen, der die linke Hand auf das Auge hält. Bei Krügen aus Tucumé finden wir sonst oft einen Affen als Verzierung neben der Tülle.

10 Der eine Teil des Doppelkrugs ist eine realistische Darstellung des Kopfes einer Landschildkröte von den Galapagos.

11 Der Rochen spielt in Tucumés Legenden, in der Kunst und in seinen Ortsnamen eine wichtige Rolle, auch für das Pyramidengebirge La Raya.

12 Fische in verschiedenen Farben und Formen gehören zu den häufigsten Motiven in Tucumés präinkaischer Kunst.
13 Unter den geometrischen Motiven ist das Wellenmotiv am häufigsten.
14 Auf Tucumés Keramik sind oft Vögel abgebildet, fast immer sind es schwimmende Seevögel, oft Pelikane oder Enten.
15 Ein Krug aus der Chimú-Inka-Periode, gefunden in einem Grab bei Tucumé.

16

17

18

16 Ein Krug im Chimú-Stil, mit symbolischen Meereswellen im Relief und einem Vogelkopf oben auf der Tülle.

17 Hin und wieder wurden Krüge von nahezu gleicher Form in demselben Grab gefunden.

18 Geometrische Motive und oben ein Vogel als realistische Dekoration.

19 Gefäß zum Verbrennen von Weihrauch.

20 Die Keramik, die wir als Grabbeigaben fanden, hatte oft die Form unterschiedlicher Kürbisse sowie anderer Früchte.

19

20

konnten. Als wir San José, die nächste Stadt an der Küste, erreichten und Kurs auf die Stelle nahmen, an der, wie die Legende berichtet, König Naymlap an Land gegangen war, versammelte sich die gesamte Bevölkerung der Stadt, um die seltsame Flottille willkommen zu heißen. Die Fischer an Bord jubelten voller Stolz über das Fahrzeug ihrer Vorväter. Der alte Mann am Steuerriemen weinte vor Bewegung, als das Mochicaschiff mit dem doppelten Achtersteven wie ein Pfeil mit der Brandung auf den Strand schoß. Die ganze Flottille von Ein-Mann-Schilfbalsas, die uns eskortierte, landete in unserem Kielwasser. Die meisten mit dem Bug zuerst, und viele kippten in der Brandung um.

Wir hatten von den Vorvätern der Tucumanen etwas gelernt, was diese vor vielen hundert Jahren entdeckt hatten. Die Form des Schiffs muß in Linienführung und Flexibilität den Wellen angepaßt sein. Das Baumaterial muß selbst schwimmen können und das Wasser ungehindert in den Boden hinein- und aus ihm hinauslaufen lassen. An Bord eines solchen Schiffes wird man herausfinden, daß es leichter ist, ein Weltmeer zu überqueren, wo Wind und Strömung in gleicher Richtung wirken, als an gefährlichen Küsten mit Mahlströmen, Felsen und Schären zu segeln.

Die einheimische Bevölkerung war über die Fertigkeiten ihrer ältesten Vorväter in der Bootsbauerkunst mindestens ebenso begeistert wie wir. Die Geschichte ihrer Ahnen wurde wieder ein Teil ihres eigenen Lebens. Vergessene Künste kamen aufs neue zutage. Der Seefahrer Naymlap, der Tucumé gegründet hatte, ist aus seinem Dämmerschlaf erwacht, aber Tucumé lebt weiter.

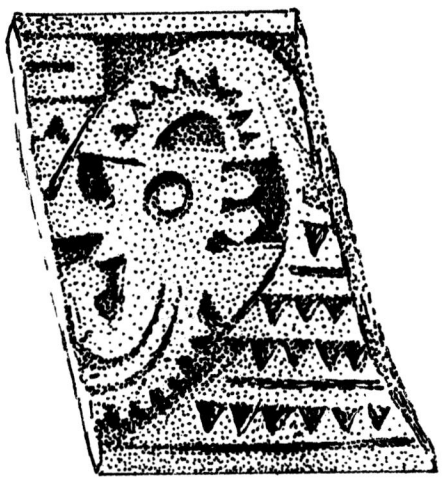

4
Die vergessenen Seefahrer der Inkazeit

Wenn wir jemals das verworrene Netzwerk von verwandten und trotzdem anscheinend unabhängigen peruanischen Kulturen verstehen wollen, müssen wir uns darüber im klaren sein, daß die ursprünglichen Peruaner imstande waren, über große Entfernung Verbindungen zu unterhalten. Die Spanier, die das bereits existierende Verkehrsnetz nutzten, erforschten und beeinflußten im Verlauf von nur zehn Jahren alle größeren Ansiedlungen in dem riesigen Inkaimperium und sogar Gebiete, die weit außerhalb desselben lagen.

Die Inkadynastie herrschte über eine Nation, die so groß war, daß sie zwei Hauptstädte hatte, Cuzco in Peru und Quito in Ecuador. Beide lagen in den Anden in der Höhe eines durchschnittlichen Schweizer Gebirgsgipfels, und sie waren weiter voneinander entfernt als Paris und Rom. Die Händler und Verwaltungsbeamten der Inka zogen ebenso wie ihre Truppen Vorteil daraus, daß ihnen für ihre Fußmärsche Straßen zur Verfügung standen, die andere vor ihnen gebaut hatten – andere, die ebenfalls das Bedürfnis gehabt hatten, große Entfernungen zu überbrücken.

Die moderne Archäologie hat bewiesen, daß die meisten der Wege, die man Inkawege genannt hat, aus der präinkaischen Zeit stammen. Man darf deshalb die Möglichkeit nicht außer acht lassen, daß einige der Kulturen vor den Inka, wie die in Tiahuanaco, Chavín oder in Küstentälern, wie Lambayeque oder Chicama, panperuanisch oder wenigstens zeitweise durch religiöse Bande oder organisierten Handel miteinander verbunden waren.

In ganz Peru tauchen immer mehr Anzeichen dafür auf, daß die früheren Gemeinwesen in den Küstentälern nicht derart voneinander oder vom Hochland isoliert waren, wie man bisher angenommen hat. Heute wissen wir mit Sicherheit, daß die Kaufleute im Lambayeque-Tal wenigstens eintausend Jahre vor der Eroberung der Pazifikküste durch die Inka große Mengen von Meeresmuscheln aus Ecuador und Panama sowie Lapislazuli

Rechts:
Für die Fischer, die weiterhin ihre Boote aus Schilf bauten, war es völlig natürlich, den Drachenkopf am Bug aus dem gleichen Material anzufertigen. Die großen Schilfschiffe in der Kunst der Mochica-Periode hatten alle solche Köpfe. (Foto: Lise Lian)

von der Küste Mittelchiles bezogen. So war es möglich, daß die kulturelle Elite solcher wohlorganisierter Gemeinwesen wie Sipán, Batán Grande und Tucumé kulturelle Impulse auf einem Küstenstreifen verbreiten oder empfangen konnte, der noch länger war als die Küstenlinie des folgenden Inkaimperiums.

Die unterdrückten Küstenbewohner

Wenn wir die kulturellen Ursprünge und die Entwicklung begreifen wollen, die so großartige Kultstätten wie Tucumé entstehen ließen, begreifen wollen, dürfen wir den Fakt nicht außer acht lassen, daß der größte Teil des von den Inka eroberten und zu einem Königreich vereinten geografischen Gebiets zweifellos lange vor der Inkazeit Entdeckern, Händlern und Muscheltauchern aus Tucumé bekannt war.

Aus der Geschichte wissen wir, daß die zu Fuß reisenden Inka die Bewohner der gesamten Wüstenküste, des Hochlandes und Dschungels an Kolumbiens Grenzen, in Ecuador, Peru, Bolivien und bis weit hinein nach Chile und Argentinien beherrschten und beeinflußten. Wenngleich die Inka auch ein Binnenlandvolk waren, herrschten sie doch schließlich über die tropischen Küstensiedlungen von den Mangrovensümpfen am Äquator bis zu dem kalten Maulefluß am 36. Grad südlicher Breite. Damals, als die Spanier kamen, aßen nicht nur die Menschen in Tucumé Meeresfische. Die Chronisten berichteten, daß die Inka im Hochland Meeresfisch aßen, den Stafettenläufer von der Küste des Stillen Ozeans zu ihnen heraufbrachten. Der Chronist Guaman Poma (1613) schreibt, daß eßbare Muscheln lebend von Tumbes an der Nordküste zu den Inka nach Cuzco gebracht wurden.

Allzulange war angenommen worden, daß alle Peruaner in vorkolumbianischer Zeit Landratten waren, die weder Schiffe noch genug Mut hatten, um weit draußen auf dem Meer zu fischen. Deshalb vermutete man, sie hätten sich mit den primitivsten Typen von Schiffen in Landnähe gehalten. Dieses große Mißverständnis konnte nur aufkommen, weil noch bis vor kurzem Informationen fehlten, wie vor der Inkaperiode das tägliche Leben an der Küste ablief. In den letzten Jahren haben jedoch immer mehr Archäologen, meist junge Peruaner, in den Küstengebieten Ausgrabungen durchgeführt. Sie haben entdeckt, daß die Wirtschaft der präinkaischen Zeit im wesentlichen auf Fischfang und Seehandel beruhte.

Die Spanier kamen nach Peru, nachdem die Hochland-Inka die typischen

Bilder von Balsaflößen tauchen in mehreren Schilderungen von der Eroberung Amerikas durch die Spanier auf.

Küstenkulturen zerstört hatten. Im Flachland fanden die Spanier deshalb nur Reste von Gemeinwesen, reduziert auf bescheidene Familien von Fischern und Bauern. Die siegreichen Inka hatten all das geraubte Gold und die anderen Schätze mit ins Hochland genommen. Die Königreiche an der Küste hatten sie zu Vasallenstaaten gemacht. Ihr Handel und alle anderen organisierten Tätigkeiten wurden durch Abgesandte der Inka aus den Städten oben in den Anden kontrolliert.

Die Inka im Hochland waren eigentlich ein Binnenlandvolk.

Als die spanischen Konquistadoren in die Städte in den Bergen kamen und all das Gold und all die Pracht sahen, waren sie sehr beeindruckt. So schrieben sie den Inka die Ehre für all das zu, was Peru auszeichnete. Die unterdrückten Küstenbewohner, denen die Inka wahrscheinlich den größten Teil ihres Goldes gestohlen hatten, machten auf die Eindringlinge aus Europa und ihre Vertreter der schreibenden Zunft keinen besonderen Eindruck. Deshalb sind die wenigen Aussagen der Chronisten wichtig, die diese bei ihrer allererster Begegnung mit den Peruanern an der Küste festhielten, bevor sie in das Herz des Inkaimperiums reisten. Die Menschen, denen die Spanier an der Küste begegneten, waren längst durch ihren unfreiwilligen Kontakt mit den Sitten und der Kultur der Inka geprägt. Doch die Eroberer vom Hochland hatten sie nicht gelehrt, wie sie ihre Schiffe bauen sollten, und sie hatten sie auch nicht zu besseren Seeleuten gemacht. Ganz im Gegenteil. Alles, was die Spanier bei ihrem ersten Kontakt mit Peru an maritimen Aktivitäten beobachteten, gibt uns das beste Bild vom Leben vor Hunderten von Jahren in einheimischen Häfen und Küstenfahrwassern.

Nur durch die Kombination von historischen und archäologischen Funden können wir das deuten und verstehen, was uns die Ausgrabungen in Tucumé und an anderen Orten im Lambayeque-Tal an der Nordküste Perus enthüllen.

Die Begegnung der Spanier mit den seefahrenden Peruanern

Bevor sich Francisco Pizarro und sein kleines Gefolge auf ihre erste Entdeckungsreise entlang der Pazifikküste von Südamerika begaben, hatten sie durch ihre eigenen Landsleute vom Inkaimperium gehört.

Las Casas, der mit Kolumbus nach Amerika gekommen war, schrieb in seiner *Historia de las Indias*, die Cuna-Indianer in Panama hätten den Spaniern schon im Jahre 1512 ihre erste Information über Peru gegeben. Das war sieben Jahre bevor Cortez Mexiko erreichte.

Im Jahr darauf, 1513, konnte Balboa die Behauptung der Cuna-Indianer bestätigen, daß es zwei Weltmeere gebe, auf jeder Seite ihres Landes eins. Über das unbekannte Meer auf der anderen Seite hatte der Sohn des Cuna-Häuptlings berichtet: »›dort segelten andere Menschen mit Schiffen, die etwas kleiner waren als unsere und Segel sowie Seitenriemen hatten‹; und er gab viele Informationen über die Menschen und die Reichtümer in Peru und die Balsaflöße, die mit Steuerriemen und Segeln geführt wurden«.

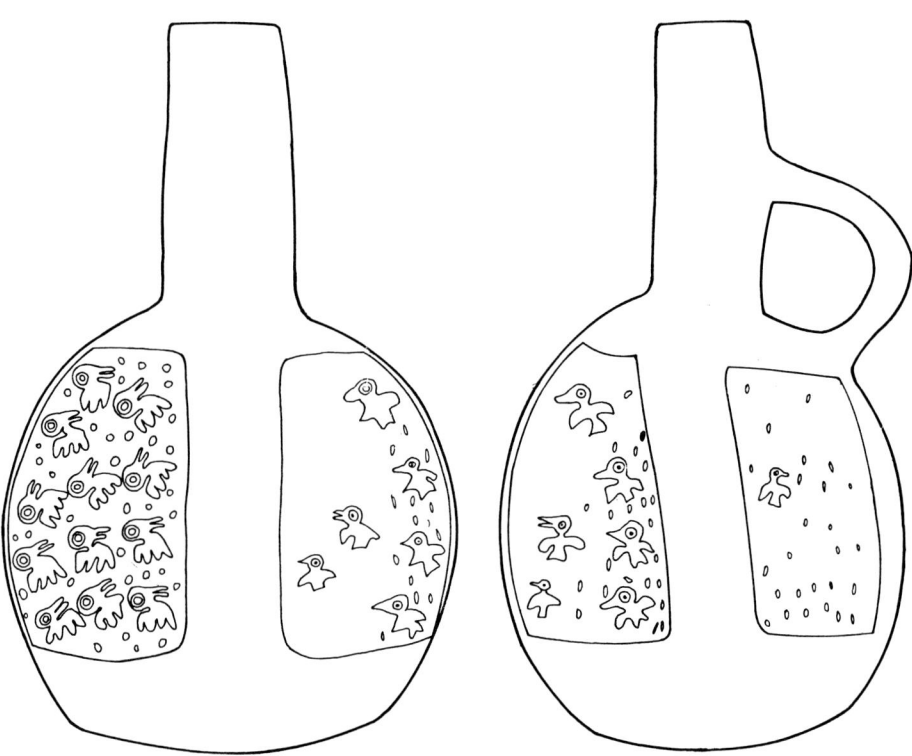

1527 konnte Bartolomeo Ruiz, der Lotse von Francisco Pizarro, als erster diese Aussage bekräftigen, nachdem er mit seinem eigenen kleinen Schiff einem dieser peruanischen Segelflöße begegnet war, das nach Norden in Richtung Niño-Strom kreuzte Das Floß befand sich schon nördlich des Äquators, als es von den Spaniern aufgebracht wurde. Sie folgten dem Strom in südlicher Richtung, in Fahrwasser, die den Europäern unbekannt waren. Dieses historische Ereignis, über das man später viel schrieb, wurde zuerst in einem Brief von Juan de Sáamanos an König Carlos V. von Spanien erwähnt, noch bevor Pizarro Peru erreicht hatte. Sáamanos berichtete:

»Sie kaperten ein Schiff, das 20 Personen an Bord hatte, von denen sie elf über Bord warfen. Der Lotse behielt drei von den übrigen, die zu Gefangenen gemacht wurden. Die anderen brachten sie an Land, so daß sie ihrer Wege gehen konnten. Die drei, die sie als Dolmetscher behielten, behandelten sie gut und nahmen sie mit zurück. Das Schiff, das er, wie ich sagte, kaperte, schien ein Fassungsvermögen bis zu 30 *toneles* (36 Tonnen brutto) zu haben. Der flache Boden und der Kiel bestanden aus Baumstämmen, dick wie Pfähle und mit Zurring zusammengehalten, und dort befanden sich Mannschaft und Fracht auf dem Trockenen, während der untere Teil unter Wasser lag. Es hatte Masten und Rah aus edlem Holz und Baumwollsegel von der gleichen Form und Art wie unsere eigenen Schiffe. Es hatte eine gute Takelage aus *henequen*, einer Art Hanf, und einige Vertäuungssteine als Anker, geformt als Mühlsteine.« Diese Ladung war die erste Inkafracht, die den Europäern in die Hände fiel. Sáamanos zählte Schmuckgegenstände aus Gold und Silber auf, farbenfrohe Kleidung aus Wolle und Baumwolle, Keramikkrüge, Steinspiegel mit Silberrahmen und feine Balancegewichte, um Gold zu wiegen, außerdem große Mengen von roten und weißen Muschelschalen.

*Pizarro wird von großen Indianerscharen in Empfang genommen, als er zum erstenmal an der peruanischen Nordküste bei Tumbes, ankert.
(Stich von Theodore de Bry)*

Die erste Begegnung mit seefahrenden peruanischen Kaufleuten wurde auch von Francisco Xerés (1534) und anderen Chronisten beschrieben. Wir erfahren, daß die Spanier drei Frauen vom Segelfloß gefangengenommen und sie die spanische Sprache gelehrt hatten. Sie begleiteten später Pizarro auf seinem endgültigen Vorstoß nach Süden. In dem an der Nordküste Perus gelegenen Hafen von Tumbes halfen sie ihm als Dolmetscherinnen freundschaftliche Verhandlungen mit einem aristokratischen *orejon*, einem »Langohr«, einzuleiten, der diesen Hafen im Auftrag der 1500 Kilometer entfernten Stadt Cuzco besuchte.

In Ecuador, vor der Insel Santa Clara, holte Pizarro fünf segelführende Balsaflöße ein und führte mit Hilfe seiner Dolmetscherinnen friedliche Verhandlungen mit der Mannschaft. Pizarros Begleiter, Miguel de Estete, reiste unmittelbar nach der Eroberung des Inkareiches nch Spanien zurück. 1535 schrieb er einen Bericht an die Behörden über Pizarros ersten Vorstoß gegen Peru:

»Als er dann weiter entlang der Küste vorrückte, kam unser Gouverneur Pizarro zu einer anderen und noch größeren Bucht, drei *leguas* breit (etwa 16 Kilometer), mit einer Insel, die Puná hieß und die man nur mit Booten, Flößen oder ähnlichen Fahrzeugen erreichen konnte. Und während er darüber nachdachte, was er tun solle, erblickte er auf dem Meer ein Floß mit Segeln, und es schien die Größe eines Schiffes zu haben. Mit diesem schickte der Inselhäuptling Pizarro Boten, um ihm Zugang zu seinem Gebiet anzubieten und mitzuteilen, daß er mehr Flöße schicken werde, so daß er mit allen seinen Männern und Pferden transportiert werden könne. Die Boten wurden gut aufgenommen …

Diese Boote sind aus sehr dicken und langen Baumstämmen hergestellt. Weich und leicht liegen sie wie Kork auf dem Wasser, und sie binden sie gut mit einer Art Tau zusammen, und darüber setzen sie ein hohes Gebälk, so daß die Waren nicht naß werden. Und in der Mitte des obersten Stammes errichten sie einen Mast, an dem sie ein Segel befestigen, und auf diese Weise befahren sie die Küste in ihrer gesamten Länge. Und es sind mächtig sichere Schiffe, denn sie können weder sinken noch umkippen, denn die See hebt sie an allen Ecken hoch.«

Eine Zusammenfassung der Chronistenberichte über spätere Ereignisse gibt W. H. Prescott in seiner *History of the Conquest of Peru*:

»Am nächsten Morgen fuhren sie über die Bucht nach diesem Ort. Als sie näher kamen, erblickten sie eine ansehnliche Stadt, deren Häuser offensichtlich meist aus Stein und Mörtel gebaut waren. Sie lagen inmitten einer fruchtbaren Niederung … Als Pizarro noch ein Stück vom Ufer ent-

Professor Arne Skjølsvold vom Kon-Tiki-Museum und der Autor studieren Schilfboote und das Volksleben am Strand des Küstendorfes Pimentel. (Foto: Jarle Ree)

fernt war, kamen mehrere große Balsas auf ihn zu, besetzt mit Kriegern, die, wie sich herausstellte, einen Kriegszug gegen die Insel Puná unternehmen wollten. Als er sich längsseits der kleinen indianischen Flotte befand, forderte er einige Häuptlinge auf, an Bord seines Schiffes zu kommen ... Nicht lange, und mehrere Balsas steuerten auf das Schiff zu, beladen mit Mehlbananen, Yucca, Mais, Bataten, Ananas, Kokosnüssen und anderen nahrhaften Erzeugnissen des fruchtbaren Tales von Tumbes.«

Indianer mit Balsaflößen

Francisco Pizarro zögerte nicht, nach Spanien zurückzukehren, um 150 Soldaten zu holen. Sein Vetter, Pedro Pizarro, war bei ihm, als sie 1531 zurückkamen und vor der Insel Puná ankerten, um den Angriff auf Tumbes vorzubereiten. Er berichtet uns, wie die Peruaner die Spanier mit Hilfe ihrer Balsaflöße überlisteten.
Einige der Spanier gingen auf eigenen Booten an Bord, während andere »einige der uns begleitenden Flöße bestiegen, die Leuten aus Tumbes gehörten, die sich angeboten hatten, einige der Spanier und das Gepäck

zu befördern. Später stellte sich heraus, daß ihre Absicht Verrat war, denn nachdem wir die Insel verlassen hatten, legten die Flöße, die Truppen und andere Dinge befördert hatten, an einigen kleinen Inseln an, die sie (die Indianer) kannten. Sie setzten die Spanier an Land, um sie dort übernachten zu lassen, und als sie annahmen, daß sie schliefen, zogen sie mit den Flößen ihres Weges. Später kamen sie mit mehreren (indianischen) Truppen zurück und töteten jene (Spanier), die sie dort zurückgelassen hatten.«

Pedro Pizarro fügt hinzu, daß ihn und Alonso de Mesa dieselbe Tragödie getroffen hätte, »wenn nicht Alonso de Mesa heftig an Ausschlag erkrankt gewesen wäre und deshalb nicht das Floß verlassen wollte, um auf der kleinen Insel zu schlafen ... Um Mitternacht, während wir dalagen und schliefen, zogen die Indianer das Tau mit dem Stein hoch, das sie als Anker in das Meer geworfen hatten. Weil sie glaubten, daß Mesa schliefe, wollten sie ihres Weges ziehen, uns zurücklassen und Mesa später töten. Und, wie gesagt, Mesa hatte aufgrund seines Ausschlags große Schmerzen und war wach, und als er sah, was die Indianer trieben, brach er in laute Rufe aus, die Francisco Martin und mich weckten. Als wir durchschaut hatten, was sie (die Indianer) Böses geplant hatten, fesselten wir den Häuptling und die beiden anderen Indianer, und so hielten wir die ganze Nacht Wache. Und am nächsten Tag machten wir uns auf den Weg und näherten uns der Küste von Tumbes.

Aber während wir draußen in den Wellen waren, warfen sich die Indianer in das Wasser und zogen uns mit in die Brandung, die uns an Land spülte, naß und halb ertrunken. Als die Indianer sahen, daß wir jetzt an Land waren, stießen sie das Floß in die Wellen. Dann nahmen sie das Floß und segelten damit weg, wobei sie alles mitnahmen, was wir bei uns gehabt hatten. Wir blieben schließlich nur mit dem zurück, was wir auf dem Leibe hatten. So bestahlen sie viele, die ihr Eigentum auf den Flößen gelassen hatten, weil sie glaubten, daß die Indianer es sicher befördern würden. Unter ihnen (die das getan hatten) waren auch Kapitän Soto und andere.«

Was die Spanier nicht wußten, bevor sie das Hochland erobert hatten, war, daß es einen großen Unterschied zwischen den Inka und den seefahrenden Leuten an der Küste gab, die in die Abhängigkeit der Inka geraten waren. Später sollten sie etwas erfahren, worüber die Chronisten Inca Garcilaso und Cieza de Leon schrieben: Die Tricks, die von den Eingeborenen gegen die spanischen Ankömmlinge angewendet wurden, waren die gleichen, die sie früher gegen ihre Inka-Feinde benutzt hatten. Unmittelbar bevor Pizarro mit seinen Leuten die Küste herunterkam, hatte der alte Inkaherrscher Huayana Capac, der in Quito auf seinem Sterbebett lag, eine Flottille von Balsaflößen entsandt. Einige seiner Sendboten, die vom Hochland gekommen waren, sollten nach der Puná-Insel befördert werden. Sie segelten von Tumbes aus mit dem Befehl, von dem aufrührerischen Häuptling Tumbala absoluten Gehorsam zu verlangen. Tumbala gab nach. Danach wurden Inkatruppen unter einem Leiter königlichen Geblüts, zusammen mit Inkaoffizieren, die den Inselbezirk neu ordnen sollten, vom Festland zur Insel befördert.

Der Inkahäuptling kehrte nach einiger Zeit nach Tumbes zurück und gab den Befehl, daß ein größerer Teil der Inselgarnison später zurück auf das Festland verlegt werden solle. Aber Tumbala ersann einen raffinierten Plan. Als der Inkakonvoi auf dem offenen Meer war, kappten die Inselbewohner die Taue, welche die Baumstämme zusammenhielten, und stießen die Inkasoldaten ins Meer. Cieza kommentierte:

»Wenn jemand, der schwimmen konnte, sein Leben zu retten versuchte, wurde er durch harte und brutale Schläge getötet, und wenn sie tauchten und vor dem Feind zu fliehen versuchten, indem sie in der Tiefe des Meeres bei den Fischen Hilfe suchten, war das nutzlos, denn die Inselbewohner, die Fischfang betreiben, leben viel auf dem Wasser und schwimmen ebensogut wie die Fische. Sie holten die Flüchtlinge schnell ein und erwürgten sie.« Inca Garcilaso, selbst ein Gebirgsindianer königlichen Geblüts, war verbittert darüber, daß sein eigenes Volk von den Seeleuten an der Küste so gedemütigt worden war.

»Die Eingeborenen erhielten den Befehl, die Inkakapitäne in ihren Balsas über das Meer zu befördern ...«, schrieb er. »Sobald der königliche Leiter die Insel verlassen hatte, bereiteten sich seine Kapitäne darauf vor, seinem Befehl zu folgen. Sie gaben Order, ihre Balsas für die Fahrt über die Strecke offenen Meeres vorzubereiten.

Die Inselbewohner, die sich verschworen hatten, sahen die Gelegenheit und beschlossen, die Kapitäne in zwei Fahrten zu befördern, so daß sie den Plan, sie auf dem Meer zu töten, leichter verwirklichen konnten. Die Hälfte der Kapitäne und ihre Begleiter gingen an Bord, alles auserwählte Männer. Sie waren gekleidet, wie es sich für Männer im königlichen Dienst geziemt, und alle waren Inka, entweder von Geburt oder durch ein vom obersten Inka erteiltes Privileg

Als die Eingeborenen die Stelle auf dem Meer erreicht hatten, wo sie den Verrat ausführen wollten, durchschnitten sie die Taue, welche die Stämme der Balsaflöße zusammenhielten, und warfen die überrumpelten Kapitäne und Soldaten ins Meer. Die einheimischen Seeleute schlugen sie alle mit

Hilfe der Riemen und mit den eigenen Waffen der Inka, die somit gegen ihre Besitzer gewendet wurden, tot. Sie ließen nicht einen einzigen am Leben, obwohl die Inka wegschwammen, in der Hoffnung, ihr Leben zu retten.

Die Indianer können für gewöhnlich schwimmen, aber das half ihnen nicht, denn die Leute von der Küste waren so mit dem Meer vertraut, daß sie gegenüber den Binnenlandindianern die gleiche Überlegenheit hatten wie die Meerestiere gegenüber den Tieren an Land.

So bekamen die Inselbewohner ihren Sieg und genossen ihre große und reiche Beute. Sie grüßten fröhlich von einem Floß zum anderen und gratulierten einander zu der Tat, indem sie, als der rohe und barbarische Volksstamm, der sie waren, sich nicht nur von der Macht des Inka frei, sondern auch stark genug glaubten, um ihm sein Imperium zu entreißen. Erfüllt von übermütiger Eitelkeit, kehrten sie mit all ihrer Heuchelei zurück, um die anderen Kapitäne und Soldaten zu holen, die auf der Insel zurückgeblieben waren. Sie nahmen sie an Bord und töteten sie an derselben Stelle und auf dieselbe Weise, wie sie deren Kameraden getötet hatten.«

Pizarro benutzte Balsaflöße

Es ist wichtig, sich den großen Unterschied in der Beschreibung der herrschenden Inka-Landratten und der Seeleute an der Küste einzuprägen. Ein Unterschied, der schon deutlich war, bevor die Spanier hinauf ins

Karavellen von dem Typ, den Pizarro vermutlich auf seinen Entdeckungsfahrten benutzte.

Hochland kamen. Die Inka schenkten den unterdrückten Küstenbewohnern und ihren Seefahrzeugen wenig Aufmerksamkeit. Offensichtlich blieben die Schiffe weiterhin in Gebrauch. Sie waren sogar während der Herrschaft der Inka wichtig, denn diese verfügten gegenüber den von den Fischern benutzten Fahrzeugen über keine alternativen Bootstypen.

Aber als die Spanier kamen, brachten sie die europäische Tradition mit – Boote, die aus Planken gebaut waren. Und da sie den gesamten Handel und Verkehr im Land übernahmen, verloren die großen seetüchtigen Flöße an Bedeutung und verschwanden allmählich ganz. Nur wenn es um den Küstenverkehr und das Anlanden von Mannschaft und Fracht durch die Brandung auf den weithin seichten peruanischen Stränden ging, waren die flachbodigen Balsaflöße, die nicht sinken komnnten, weit mehr geeignet als die europäischen Landungsboote mit Kiel und offenem Rumpf. Die Flöße überlebten deshalb die Eroberung und die ersten Jahrhunderte danach, so lange, bis tiefe moderne, gegen die Brandung gut geschützte Häfen gebaut wurden.

Xerés, der 1530 selbst am Vormarsch auf Peru teilnahm, erzählt uns, daß der Eroberer Pizarro »Balsas aus Holzstämmen, wie sie die Indianer herstellen«, benutzte, »und auf diesen wurden die Pferde befördert«. Als Pizarro zum zweitenmal nach Puná kam, mit Soldaten aus Spanien, schickte er auf Balsaflößen Boten zu den Inka auf dem Festland, mit einer Ladung von Stoffen als Freundschaftsgeschenk. Seine eigenen Karavellen benötigten drei Tage, um den Balsas auf ihrer Überfahrt zu folgen. Als sie ankamen, erfuhren sie, daß die Peruaner bereits die Christen ergriffen und sich die Stoffe angeeignet hatten. Als Vergeltung plünderten Pizarros Männer alle Vorräte der Stadt. Auf zwei einheimischen Balsaflößen brachten sie die Beute zu ihren Landsleuten.

Gonzalo de Oviedo, der in Panama war, als Pizarro seine Expedition nach Süden vorbereitete, erzählt auch, daß alle Pferde von Pizarro mit Balsaflößen an Land gebracht wurden. Er fügt außerdem einige wichtige Details hinzu: »Das Essen wird mittschiffs zubereitet, und sie haben ein Lateinersegel (velas latinas) und Ruderer mit Riemen an den Seiten des Floßes.« Pascual de Andagoya war der erste Pionier, der an Panamas Mangrovensümpfen vobeisegelte, bis hinunter zu den Birustämmen in der Nähe von Kolumbiens Nordgrenze. Es waren seine Berichte, die Pizarro und Ruiz zu ihren Expeditionen anregten. Vom nördlichsten Teil der südamerikanischen Küste schrieb er:

»Ich erhielt sowohl von Häuptlingen, Kaufleuten als auch Dolmetschern Berichte, welche die gesamte Küste betrafen und alles, was bis nach Cuzco hin entdeckt worden ist. Speziell handelte es sich um die Einwohner aller Provinzen, denn aufgrund ihrer Handelstätigkeit wandern diese Menschen durch viele Länder.« Mit einer besonderen Reverenz an die einheimischen Bewohner des Küstenstrichs von Ecuador und weiter bis südlich von Tumbes in Peru, sagt er:

»Sie ziehen auf das Meer hinaus, um zu fischen, und sie fahren die Küste entlang, mit Balsaflößen, gefertigt aus leichten Baumstämmen, die so stark sind, daß die See große Schwierigkeiten hat, sie zu zerbrechen. Sie transportieren Pferde und viele Menschen und steuern mit Segeln, wie Schiffe.« Und: »Die Einwohner haben eine Technik zur Herstellung von Tauwerk aus einer Art *nequen*, was an kardierten Flachs erinnert. Das Tau ist schön und stärker als das spanische, und ihr baumwollenes Segeltuch ist ausgezeichnet.«

Augustin de Zárate gibt eine sehr detaillierte Beschreibung, wie das Balsafloß aus einer ungeraden Anzahl von Stämmen, mit dem längsten Stamm in der Mitte, zusammengebunden wird. Danach berichtet er:

»Oben darauf legen sie eine Plattform, um nicht naß zu werden. Es gibt Balsaflöße, die fünfzig Männer und drei Pferde transportieren können. Sie steuern mit Segeln und Seitenriemen, denn die Indianer sind selbst große Seefahrer.«

Die vergessenen Seefahrer der Inkazeit

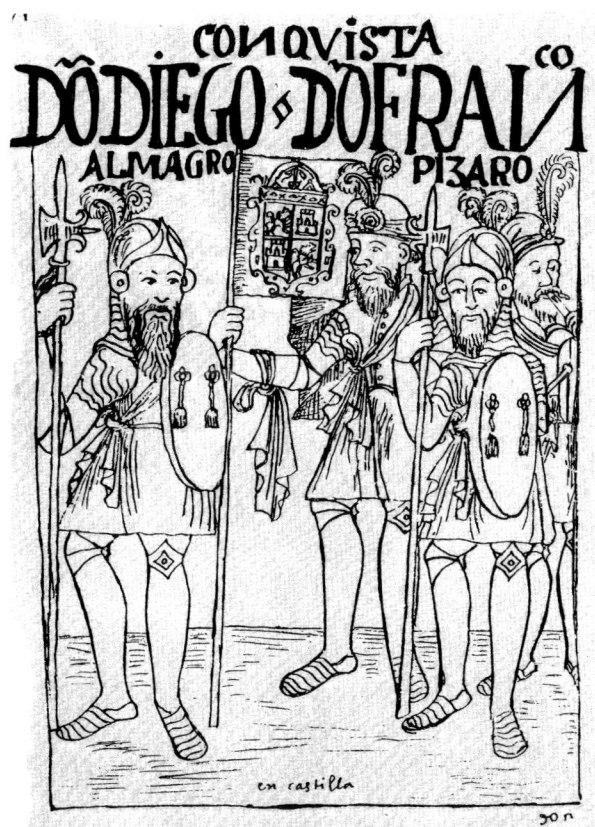
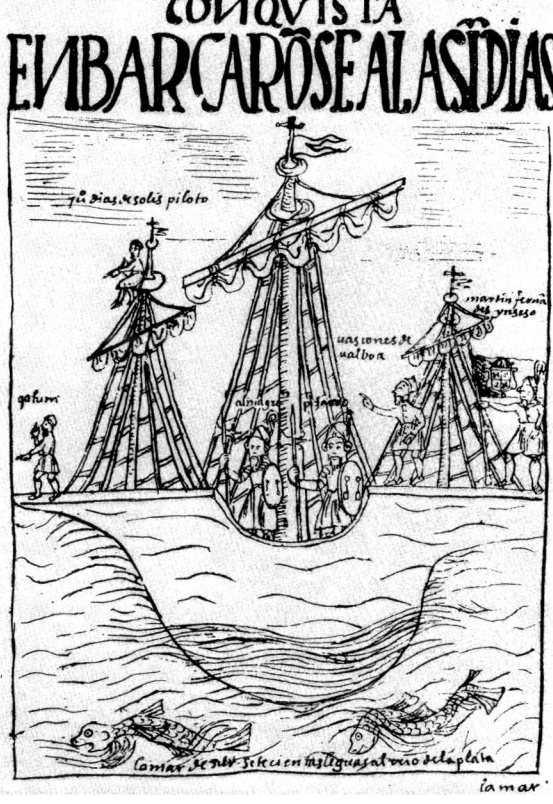

Pizarro und Teile der Mannschaft an Bord seines Schiffes. (»Aus der peruanischen Handschriftensammlung, frühes 17. Jahrhundert.«)

Der italienische Chronist Girolamo Benzoni, der unmittelbar nach der Eroberung nach Peru kam, präsentiert die erste primitive Zeichnung von peruanischen Fischereifahrzeugen. Er stellt ebenfalls fest, daß die Indianer an der gesamten Küste tüchtige Fischer sind, und er zeichnet den Fahrzeugtyp, von dem sie ihre Netze auslegen. Ein großes Fahrzeug aus sieben Stämmen, den Bug nach oben gezogen; die Mannschaft besteht aus acht Mann, die mit Segeln und Seitenriemen steuern. Seitlich davon sitzen zwei Männer, jeder rittlings auf seinem kleinen Drei-Stämme-Floß, und ziehen zwischen sich ein Fischnetz.

Sogar heute noch erinnern sich alte Fischer an diese Fangmethode mit den beiden Floßtypen, die an der Küste vor dem Lambayeque-Tal üblich war. Das große Floß nannten sie das »Mutter-Balsa«. Auf ihm sammelten die Fischer von den kleinen *caballitos* (den »Reitpferden«) ihren gesamten Fang.

Benzoni erzählt, daß es Balsa mit bis zu neun oder elf Stämmen gab und fügt hinzu: »Sie sind von verschiedener Länge und haben deshalb im Verhältnis zu ihrer Größe Segel und eine entsprechende Anzahl Ruderer.«

Die Segeltechnik der Inkazeit

Benzonis Zeichnung von den Masten und Segeln eines Balsaflußes ist primitiv und ungenau. Trotzdem wird deutlich, daß er versucht hat, einen Zweibeinmast des Typs zu zeichnen, der später von den Marinemalern Juan und Ulloa korrekt abgebildet wurde.

Das ist wichtig. Dadurch wird nämlich bewiesen, daß im alten Peru zwei verschiedene Segeltypen benutzt wurden: das dreieckige Lateinersegel, das Oviedo an den Flößen beschrieb, die Pizarros Pferde transportierten, und das viereckige am Doppelmast, das Benzoni zeichnete.

Beide Typen haben bis in die moderne Zeit überlebt. Das viereckige Segel am Zweibeinmast gibt es immer noch auf den Schilfbooten des Titicacasees; Vierecksegel am Einbeinmast überlebten auf den großen Flößen aus Balsastämmen, die bis zum Ende des vorigen Jahrhunderts an der Küste von Lambayeque benutzt wurden. Das Lateinersegel am Einbeinmast findet sich auf unzähligen kleinen aus fünf oder sieben Stämmen bestehenden Balsas, die noch heute in den Fischerdörfern an der gesamten peruanischen Küste und im nördlichen Bereich von Lambayeque bis nach Tumbes benutzt werden. Anschaulich beschrieb auch Estete in seinem Bericht über die allerersten Balsas, welche die Spanier zu Gesicht bekommen hatten, einen Einbeinmast, auf dem größten Mittelstamm errichtet. Die erfinderische Bevölkerung, die Perus alte Hochkulturen hervorgebracht hatte, war offensichtlich imstande, ihre Takelage und Segelführung nach dem Floßtyp und den jeweiligen Bedürfnissen zu variieren. So reproduzierte W. Espinoza Soriano 1987 eine Zeichnung von Richard Madox aus dem Jahr 1582, die ein peruanisches Balsafloß mit einem Dreiecksegel darstellt. Hier zeigt die Spitze des Segels auf den Bug des Floßes, genauso wie Beechey (1831) die Segelflöße im östlichen Polynesien dargestellt hatte, als er Mangareva entdeckte. Solche Segel, aber mit der Spitze des Dreiecks näher zur Mitte des Floßes, werden heute noch auf den Balsaflößen in Brasilien verwendet.

Die dritte von einem Reisenden stammende Zeichnung eines peruanischen Balsas zeigt wiederum ein Dreiecksegel, jetzt mit der Spitze des Dreiecks dicht an der Mastspitze. Diese primitive, aber aufschlußreiche Zeichnung findet sich in dem Buch eines erfahrenen Navigators, des

holländischen Admirals Spilbergen. Es ist sein Bericht von einer Reise rund um die Erde in den Jahren 1614-1617. In Peru angekommen, beschrieb er »die Fahrzeuge der Wilden, die *balsem* genannt wurden«, und mit denen sie so schnell im Wind segelten. Als Spilbergen in den Hafen von Paita einlief, notierte er:

»Am Nachmittag kam ein Fischer vom Meer herein, und Jan de Wit wurde sofort mit seinem kleinen Boot zu ihm geschickt. Als er am Abend zurückkam, hatte er diesen Fischer bei sich, dessen Boot und Segel

Jahrhundertelang ein ganz gewöhnlicher Anblick an Perus Nordküste: Ein Fischer an Bord seines kleinen Schilfbootes (»caballito«). (Foto: Tore Gullaksen/Strømmestiftung)

bemerkenswert gut gearbeitet waren; und es waren Indianer darauf, alles junge, starke und robuste Männer. Sie waren zwei Monate draußen gewesen und hatten Fische gefangen, die auf dem Floß verteilt wurden.«

Spilbergen gab keinen Kommentar dazu, wie diese eingeborenen Fischer ihre Balsaflöße zwei Monate lang auf dem offenen Meer steuern konnten. Hier vor der Paita-Bucht verläuft der Humboldtstrom wie ein Riesenfluß nach Norden. Das Floß wird gezeigt, wie es mit vollen Segeln auf die holländische Flottille zuhält, ohne Paddel- und Steuerriemen. Die Lateinersegel sind an den beiden voneinander unabhängigen Einbeinmasten gehißt und werden von zwei stehenden Seeleuten bedient. Drei andere haben sich hingehockt und manövrieren mit breiten Planken, die senkrecht in den Spalten zwischen den Baumstämmen stecken. An Deck sieht man Ankersteine, die Mühlsteinen ähneln, so wie es bei dem ersten Balsa, auf das die Spanier nördlich vom Äquator gestoßen waren, beschrieben wurde.

Unbewußt und ohne Erläuterungen zeichnet uns Spilbergen hier das erste Bild eines Balsafloßes, das nur durch Senken und Heben der *guara*-Planken gesteuert wird – eine ungemein sinnvolle Technik zum Manövrieren auf dem offenen Meer. Europäische Reisende begriffen sie erst um die Mitte des folgenden Jahrhunderts.

Doch noch bevor dieses ausklang, in den achtziger Jahren des 17. Jahrhunderts, begannen englische Seeräuber in den Gewässern vor Nordperu zu plündern. Unter ihnen war William Dampier, der vor allem ein Auge auf die großen Balsaflöße und ihre Fracht geworfen hatte. Wie Spilbergen lief auch er in die Paita-Bucht ein. In ihrem wichtigsten Dorf Colán stellte er fest, daß alle Indianer Fischer waren, die mit Balsaflößen auf das Meer hinausfuhren. Die Flöße variierten in Größe und Typ, je nach Geschmack und Bedürfnis der Besitzer, schrieb Dampier (1729). Er lieferte die detaillierte Beschreibung eines sehr großen Floßtyps, der zum Transport von Waren auf dem offenen Meer benutzt wurde: »Diese Balsas befördern 60–70 Tonnen oder noch mehr Fracht.«

Einige von ihnen hatten große Hütten mit zwei Etagen, so daß außerhalb von ihnen nur gerade so viel Platz war, wie ein Ruderer achtern und einer im Bug brauchte. Die Hütte hatte einen soliden Rahmen aus leichten, zusammengebundenen Balsastämmen mit einer unteren und einer oberen Plankendecke. Das untere Deck, das nur zwei oder drei Fuß über der Wasseroberfläche lag, war für die Mannschaft und deren wichtigste Gegenstände vorgesehen. Auf dem Deck darüber befand sich die Hauptfracht, ringsum festgemacht mit Planken. Bei diesen überschweren

Polynesische Seefahrer von der Insel Mangareva an Bord eines Floßes. Zeichnung von Beechey, 1831. (Aus: »American Indians in the Pacific«, Heyerdahl, 1952.)

Kajüten, die zwischen acht und zehn Fuß hoch sein konnten, brauchten die Flöße Ballast in Form von riesigen Steinen, die zusammen mit dem Teil der Fracht, der das vertrug, in dem auf den Hauptstämmen stehenden Wasser unter dem unteren Deck lagen.

Diese unförmigen Frachtbalsas, schrieb Dampier, hatten gewaltige Segel, die an einem Mast befestigt waren, der über den Lastraum hinausragte, und sie waren so schwierig zu steuern, daß sie nur segeln konnten, wenn Wind und Strömung von Süden kamen, »... aber manchmal kommt der Wind von Norden. Dann fieren sie die Segel, und das Schiff wird seinem Schicksal überlassen, bis der Wind dreht. Das einzig Wichtige ist, weit entfernt vom Land zu bleiben, da diese Fahrzeuge so gebaut sind, daß sie auf See nicht sinken können.«

Da zum freien Manövrieren mit Guaras kein Platz an Deck war, konnten diese unhandlichen Frachtflöße nicht wie normale Balsaflöße gesteuert werden. Aber Dampier unterstreicht: »Sie achten sehr genau darauf, daß freier Deckplatz vorhanden ist, wenn sie lange Reisen unternehmen, zum Beispiel von Lima nach Trujillo, Guayaquil oder Panama.«

Erst 1736 studierten die beiden bereits genannten spanischen Marineoffiziere, G. Juan und A. de Ulloa, die Segeltechnik der Balsaflöße. Sie wollten herausfinden, wie es möglich war, derartige – scheinbar primitive – Fahrzeuge ohne Kiel, Ruder- oder Steuerriemen auf dem offenen Meer wie Schiffe zu manövrieren. In Guayaquil, dem Hafen von Ecuador, entdeckten sie eine große Anzahl von Hochseebalsas, die alle regelmäßig peruanische Häfen entlang der gesamten Küstenlinie, bis hinunter nach Paita und Sechura, anliefen. Von dort segelten peruanische Handelsleute mit Balsaflößen weiter nach Callao, ja sogar bis ganz hinunter zu den Chincha-Inseln.

Die Balsaflöße, die Juan und Ulloa maßen, waren 25 bis 30 Meter lang und sechs bis acht Meter breit. Sie hatten Doppelmasten und eine oder mehrere Hütten auf dem Bambusdeck, das über den Stämmen lag. Die Frachtflöße faßten gewöhnlich 20 bis 25 Tonnen.

Die Indianer und Mulatten im Guayaquilgebiet zogen in der Regenzeit, wenn ihre kleinen Gehöfte für sie unzugänglich waren, mit ihrer gesamten Familie an Bord der Balsaflöße. In den mit Palmenblättern gedeckten Hütten wohnten sie mit demselben Komfort wie an Land. Sie änderten während der ganzen Zeit ständig ihren Standort und fischten. Sie hatten auch einen ausreichenden Vorrat an gedörrtem Fleisch und landwirtschaftlichen Produkten bei sich, um die gesamte Regenzeit durchzustehen. Das Segel war ein viereckiges Rahsegel, befestigt an einem Rundholz, das an der Spitze des Doppelmasts, dort, wo sich seine beiden gespreizten Beine trafen, ringsherum schwenkbar war. Einige Balsas hatten vorn ein Extrasegel, das an einem anderen Zweibeinmast gehißt war. Weiter schreiben die Autoren:

»Bisher haben wir nur über die Konstruktion und Benutzung gesprochen. Aber das Einzigartige an diesem schwimmenden Fortbewegungsmittel ist, daß es segelt, kreuzt und sich ebensogut im Gegenwind bewegt wie ein Schiff mit einem Kiel und daß es eine äußerst geringe Abdrift hat. Dies wird durch eine andere Steuermethode, als sie das Ruder bietet, ermöglicht. Sie verwenden nämlich Bretter von anderthalb bis zwei Meter Länge und etwa 25 Zentimeter Breite, die *guara* genannt werden. Sie werden sowohl vorn als auch achtern senkrecht zwischen die Hauptstämme gesteckt. Indem einige von ihnen tief in das Wasser hineingeschoben und andere angehoben werden, fallen sie ab, luven sie an, kreuzen sie, legen sie bei und führen alle anderen Manöver wie ein gewöhnliches Schiff aus. Dies ist eine Erfindung, die bislang unter den aufgeklärten Nationen Europas unbekannt ist …«

Große Dimensionen

Nicht einmal heute, über zweieinhalb Jahrhunderte nach Juans und Ulloas schriftlicher Überlieferung, haben moderne Seefahrer und Anthropologen ganz begriffen, weshalb flachbödige Flöße gegen den Wind gesteuert werden können. Ihre detaillierte Erklärung über die Wirkungsweise der Guaras hat bei den Lesern keinen tieferen Eindruck hinterlassen als Spilbergens einfache Zeichnung, auf der er Guaras in Betrieb darstellte, oder die Berichte von Konquistadoren von ihren Begegnungen mit Balsaflößen, die gegen Wind und Strömung segelten.

Nichtsdestoweniger hatten sich die beiden früheren spanischen Marineoffiziere zu erklären bemüht, wie es möglich war, daß die heruntergelassenen Guaraplanken den Kurs regulieren und nicht nur als Kiel

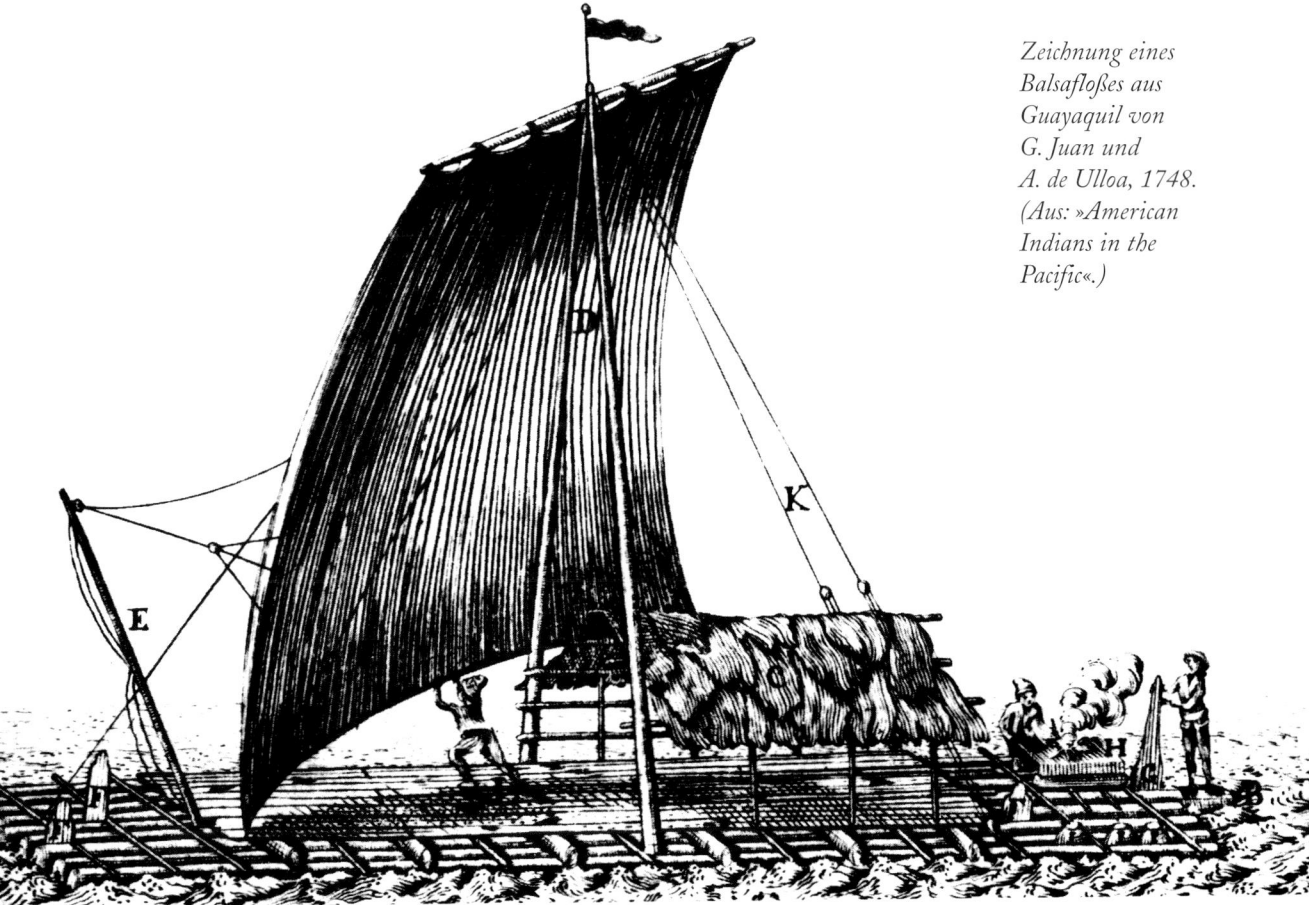

Zeichnung eines Balsafloßes aus Guayaquil von G. Juan und A. de Ulloa, 1748. (Aus: »American Indians in the Pacific«.)

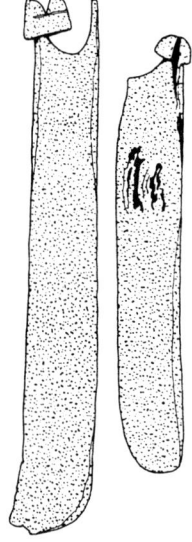

Guaras, die in Gräbern an der Südküste von Peru gefunden wurden. (Aus: »American Indians in the Pacific«.)

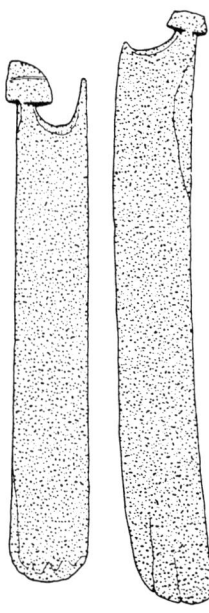

wirken konnten. Wir erfahren, daß das Verhältnis zwischen der Fläche der vorn und hinten heruntergelassenen Planke entscheidet, welcher Teil des Floßes den größten Widerstand gegen die Abdrift erreicht und welcher mit dem Wind dreht. Allein durch Regulierung der Guaras konnte die Mannschaft einen bestimmten Kurs festlegen und diesen je nach Wunsch verändern. Juan/Ulloa erklärten die Methode folgendermaßen: »Schiebt man ein Guara vorn im Fahrzeug hinunter, wird dieses gegen den Wind gesteuert, zieht man es aber hinauf, wird das Floß drehen oder abfallen. In derselben Weise bewirkt ein Guara, das achtern herabgelassen wird, ein Abfallen des Floßes, zieht man es aus dem Wasser, wird das Floß anluven oder gegen den Wind halten. Dieses System benutzen die Indianer, wenn sie ihre Balsaflöße steuern, und manchmal sind fünf oder sechs Guaras nötig, um ein Abtreiben des Floßes zu verhindern, denn es ist klar, je mehr Holzfläche sich unter Wasser befindet, desto größer ist der Widerstand, den das Floß gegen die Seitenabdrift aufbringt; die Guaras haben die gleiche Funktion wie die Leebords in kleinen Fahrzeugen. Die Steuertechnik mit diesen Guaras ist so leicht und einfach, daß, wenn sich das Balsa erst auf richtigem Kurs befindet, nur eins, je nach den Umständen, gehoben und gesenkt werden muß, um das Balsafloß die ganze Zeit über auf richtigem Kurs zu halten.«

Alexander Humboldt, nach dem die starke Meeresströmung an Perus Küste benannt wurde, fertigte 1810 die farbige Zeichnung eines 25 Meter langen Balsafloßes in der Bucht von Guayaquil an. An Deck befindet sich eine Bambushütte mit mehreren Räumen und achtern eine offene Feuerstelle.

Auch W. B. Stevenson (1825) beschrieb Segelbalsas mit 25–30 Tonnen Fracht, die immer noch von Guayaquil entlang der Küste von Lambayeque bis nach Pacasmayo und Huanchaco segelten. Sie »kreuzten über eine Strecke von vier Breitengraden gegen Wind und Strömung und beförderten an Bord, neben einer Indianermannschaft und ihren Vorräten, fünf- oder sechshundert quintals (1 quintal= 100 Pfund, U.G.) Waren als Fracht«.

F. E. Paris veröffentlichte in den vierziger Jahren des neunzehnten Jahrhunderts die erste technische Zeichnung, die alle Details der Balsaflöße aus dem Guayaquilgebiet enthielt. Er äußerte die Auffassung, daß dieser Fahrzeugtyp »so gut zu den örtlichen Verhältnissen passe, daß er immer noch allen anderen Fahrzeugen vorgezogen« werde.

H. H. Brüning, der Begründer von Brünings Archäologischem Museum in Lambayeque, schaffte es gerade noch, die letzten Balsaflöße zu foto-

Alexander v. Humboldts Zeichnung eines Balsafloßes aus dem Jahr 1810.

grafieren, die von den Schiffen, die außerhalb des seichten Ufers am Lambayeque-Tal auf dem Meer ankerten, Waren an Land brachten.
Eines von ihnen ist so groß, daß daneben das Kon-Tiki-Floß, das später von dieser Küste nach Polynesien segelte, jämmerlich klein wirken würde. Es hat ein Segel von enormen Dimensionen, vor Ort handgewebt aus der einheimischen peruanischen Baumwolle, die von den Konquistadoren so hoch gelobt wurde. Die Flaggen auf dem ankernden Dampfschiff sowie das Kielwasser hinter dem Floß mit dem geschwellten Segel zeigen deutlich, daß das gewaltige Balsafloß gegen den Wind segelt.

Leben an der Küste während der Inkazeit

Kehren wir nun zu den ursprünglichen Berichten jener Geschichtsschreiber zurück, die Augenzeugen bei der Eroberung Perus waren! Bevor sie hinauf ins Hochland zogen, haben sie ihre Beobachtungen über einen lebhaften örtlichen Küstenverkehr niedergeschrieben. Diese Informationen sind von großer Bedeutung für unser Wissen um Transport und Handel der Urbevölkerung entlang der Dschungel- und Wüstenküste von Ecuador und Peru. Später konzentrierten die Konqistadoren ihre Aufmerksamkeit auf die Inka im Hochland, und europäische Beeinflussung und Macht führten schnell zu einer drastischen Änderung der früheren Aktivitäten in allen Häfen an der Küste.

Im Gegensatz zu den Spaniern waren die Inka, die selbst keine Seefahrer waren, während ihrer Herrschaft daran interessiert, den Floßverkehr entlang der Küste aufrechtzuerhalten. Seit dem Entstehen der ersten Hochkulturen in Peru wurden rote Spondylusmuscheln aus Panama und Ecuador selbst im Hochland höher geschätzt als Gold und Silber.

In ihrer Studie über das Leben an der Küste während der Inkazeit zeigt die peruanische Historikerin Maria Rostworowski, wie außerordentlich wichtig der Handel mit Spondylusmuscheln war. Als Beispiel für die Arbeitsverteilung im Chincha-Tal im Süden Perus, führt sie an, daß ein namhafter Häuptling mit 30 000 Untergebenen über 6000 Kaufleute, 10 000 Fischer und 12 000 Arbeiter verfügte. Sie zitiert auch ein Dokument aus dem Jahr 1549, das aus dem weiter südlich an der Küste gelegenen Atico stammt. Es besagt, daß es unter den Holzschnitzern einheimische Experten für Intarsien aus Spondylusmuscheln gab, und daß den Angaben des örtlichen Häuptlings zufolge diese Muscheln von der fernen Küste Ecuadors importiert wurden. Inca Huayana Capac war so sehr von den Produkten dieser einheimischen Künstler beeindruckt, daß er 50 von ihnen nach Cuzco befahl, um sie in der Hauptstadt arbeiten zu lassen.

Chincha mit den davor gelegenen Inseln war in der Inkaperiode das wichtigste Zentrum für den Seehandel, wahrscheinlich auch, weil es in der Nähe von Cuzco lag. Maria Rostworowski wies 1977 darauf hin, daß der Häuptling von Chincha sehr spezielle Privilegien von Inca Atahuallpa erhalten hatte. »Als Francisco Pizarro den Inka eines Tages vorsichtig nach dem Grund dieses Privilegs fragte, antwortete Atahuallpa, daß er ein Freund sei, der wichtigste Häuptling unten auf dem Flachland, der das Kommando über 100 000 Balsas auf dem Meer habe.«

Abgesehen von dem Vorteil, den sie selbst vom Küstenverkehr hatten, zeigten die Inka wenig Interesse für die Schiffstypen, die ihre Kaufleute benutzten. In seinen Royal *Commentaries* von 1609 beschränkt sich Inca Garcilaso auf ein paar knappe Kommentare über die Fahrzeuge, die von

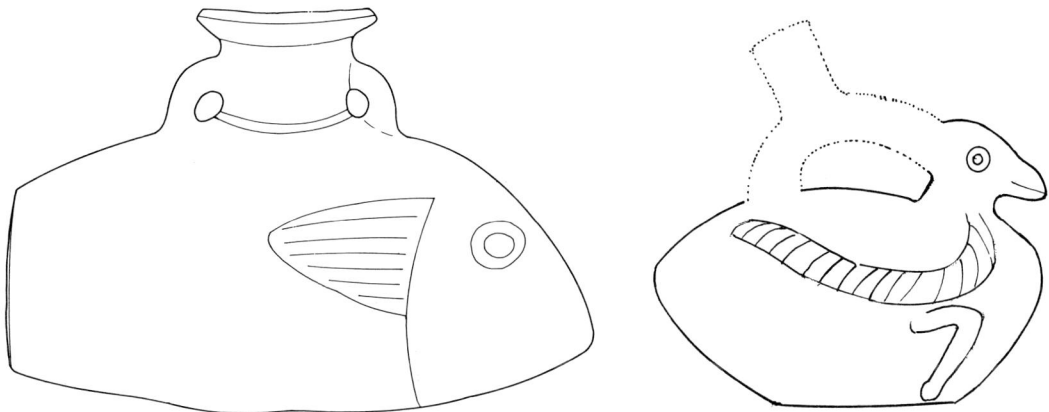

den unterdrückten Küstenstämmen benutzt wurden. Er beschreibt das Einmann-Caballito aus Totoraschilf, das die einfachen Fischer benutzten, und berichtet, daß sie mit diesen Booten zwischen vier und sechs Leguas oder noch weiter auf das Meer hinausfuhren. Das heißt, sie wagten sich bis hinaus auf den Humboldtstrom.

Er war der Meinung, daß sie auf ihren Schilfbooten keine Segel hißten, weil er glaubte, sie könnten in ihnen keinen Mast befestigen. Dennoch war ihm bekannt, daß die Schilfboote auf dem Titicacasee Segel hatten. Er fügt hinzu: »... aber wenn sie auf dem Meer manövrieren, hissen sie auf ihren Holzflößen Segel.«

Als Francisco Pizarro auf seinem Vormarsch ins Hochland den Titicacasee erreichte, sah er die zahlreichen Segelschilfboote, die dort benutzt wurden. Weniger bekannt ist, daß er hier für den Transport seiner Pferde Balsaholzflöße benutzte. In einem Manuskript von Vincente Valverde, in dem die Unruhe beschrieben wird, die der Eroberung in den Jahren von 1535 bis 1539 folgte, lesen wir von einem Hindernis, auf das Pizarro am Ufer dieses Gebirgssees stieß:

»Als er an den Ablauf des Binnensees kam, ließ er Flöße bauen, denn hier fand er einen leichten Typ von gefälltem Holz, das für diesen Zweck wohlgeeignet war; Huayana Capac, der Vater der beiden regierenden Inka, hatte es auf den Schultern von Indianern über eine Entfernung von 300 Leguas hierher transportieren lassen. Es war für den Bau von Balsaflößen gedacht, auf denen er zu ruhen pflegte, wenn auf See Festspiele stattfanden.«

Die Spanier gingen an Bord einer kleinen Flottille von Balsaflößen, aber die Strömung erfaßte sie, und Pizarro verlor acht Pferde und deren schwerbewaffnete Reiter. Wir erfahren, daß Pizarro »eifrig« war, »die verlorenen Spanier zu rächen und deshalb am Nachmittag nach mehreren Stämmen der leichten Holzsorte verlangte, die auf Geheiß von Huayna Capac hierhergebracht worden waren. (...) Hernando Pizarro ging, zusammen mit 40 Spaniern von der Infanterie, an Bord eines der großen Flöße, und auf das andere gingen Gonzalo Pizarro und Alonso de Toro mit ihren Pferden.«

Das Balsafloß in der Überlieferung der Inka

Die Inkafestspiele auf dem Titicacasee wurden zu Ehren des seefahrenden Menschengottes Viracocha veranstaltet. Er war als der erste irdische Repräsentant der Sonne nach Peru gekommen. Ursprünglich hatte er den Seeweg benutzt, aber zum erstenmal gezeigt hatte er sich den Gebirgsindianern mit seinen weißen, bärtigen Gefolgsleuten, als sie mit einer Flottille von Schilfbalsas von einer Insel im Titicacasee aufbrachen, um Tiahuanaco zu gründen.

In ganz Peru glaubte man, daß die Viracocha-Leute schließlich von dem an der Küste Ecuadors gelegenen Manta aus in See gestochen und auf dem Stillen Ozean verschwunden seien. Sie hinterließen eine unvergeßliche Erinnerung, die das gesamte Inkareich in Verwirrung stürzte, als Pizarro später an derselben Küste anlandete.

Inca Huayana Capac, der die Balsastämme an den Titicacasee bringen ließ, wo Pizarro sie später fand, hatte besondere Gründe, Balsaflöße zu schätzen. Sein eigener Vater, Inca Tupac Yupanqui, hatte zunächst Balsaflöße auf seiner siegreichen Expedition nach Brasilien benutzt. Damals war er mit 10 000 Soldaten und all ihrer Ausrüstung die Nebenflüsse des Amazonas hinabgezogen, auf jedem Floß waren zwischen 30 und 50 Männer. Danach begab er sich auf seine berühmte Expedition in den Stillen Ozean. Da startete er von Manta in Ecuador und folgte buchstäblich dem Kielwasser des Götterkönigs ihrer Vorväter – Kon-Tiki Viracocha. Der berühmte Chronist und Navigator Sarmiento de Gamboa schreibt 1572 über die Geschichte der Inka (engl. Ausg. History of the Incas, 1907):

»Während sie vorrückten und die Küste von Manta eroberten, die Insel Puná und Tumbes, kamen einige Kaufleute nach Tumbes. Sie waren von Westen auf Balsas mit Segeln über das Meer gekommen. Sie gaben Auskünfte über das Land, aus dem sie kamen; es bestand aus einigen Inseln, Avachumbi und Ninachumbi genannt, und es gab dort viele

Balsafloß, fotografiert von H. H. Brüning. Die Flagge des vor Anker liegenden Dampfschiffes und das Kielwasser hinter dem Floß zeigen, daß dieses gegen den Wind kreuzt. (Hamburgisches Museum für Völkerkunde)

Menschen und viel Gold.« Der Inka glaubte den Kaufleuten nicht und fragte seinen Geisterbeschwörer, der ihre Behauptung bestätigte.

»Als der Inka diese Bestätigung bekam, beschloß er, sich dorthin zu begeben. Er ließ eine große Anzahl von Balsas bauen und ging mit über 20 000 auserwählten Männern an Bord. Als Kapitäne nahm er Huaman Achachi, Cunti Yupanqui, Quihual Tupac (alle Hanan-Cuzcoer), Yancan Mayta, Quisu Mayta, Cachimapaca Macus Yupanqui, Llimpita Usca Mayta (Hurin-Cuzcoer) und seinen Bruder Tilca Yupanqui mit, welcher der General der gesamten Flottille war. Abu Yupanqui hatte das Kommando über das Heer, das an Land verblieb. Tupac Inca manövrierte und segelte, bis er die Inseln Avachumbi und Ninachumbi entdeckte, und er kam mit schwarzen Menschen, Gold, einem Stuhl aus Messing und einer Haut und einem Kieferknochen, die von einem Pferd zu stammen schienen, zurück. Diese Trophäen wurden im Fort von Cuzco aufbewahrt, bis die Spanier kamen. Diese Expedition des Tupac Inca dauerte neun Monate, einige sagen ein Jahr, und da er so lange fort war, glaubten alle, daß er tot wäre.«

Auch Pater Miguel Cabello de Balboa berichtete, nachdem er 36 Jahre aktiv unter eingeborenen Peruanern gearbeitet hatte, in zwei Büchern von Inca Tupacs Seereise. Sein erstes Werk, *Miscelánea antártica*, ging verloren, bevor es publiziert wurde; die New York Public Library bewahrt

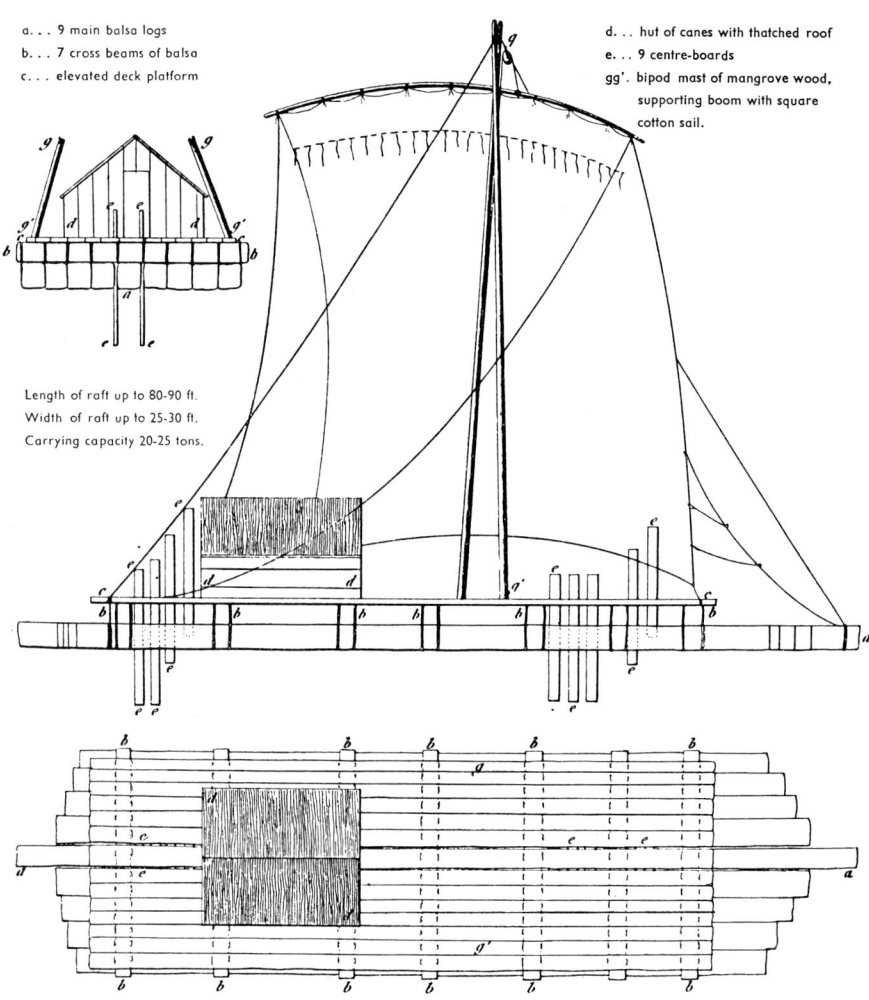

Konstruktionsprinzip für das Balsafloß aus dem nordwestlichen Südamerika von F. E. Paris, 1841. (Aus: »American Indians in the Pacific«)

jedoch eine Kopie des Manuskripts. Der Text enthält einen Hinweis auf Inca Tupacs erste Begegnung mit dem Stillen Ozean an der Dschungelküste von Ecuador:

»... und nachdem er die Idee und die Pläne mit seinen Offizieren erörtert hatte, rückte er mit den Schwadronen aus – jetzt fast unzählige – und übernachtete in Manta, in Charapoco und in Picuara, weil es sonst unmöglich gewesen wäre, für die vielen Menschen, die er bei sich hatte, Unterkunft und Verpflegung zu bekommen. Hier war es, wo König Topa Inga zum erstenmal das Meer sah. Als er es entdeckte, sorgte er dafür, daß es gehörig angebetet wurde, indem er es Mamacocha nannte, was die Mutter der Seen bedeutet. Er ließ eine große Anzahl der Boote klarma-

chen, wie sie von den Eingeborenen benutzt werden. Sie bestanden aus Hunderten von Stämmen aus bemerkenswert leichtem Holz, Seite an Seite zusammengebunden, und oben auf ihnen ließ er Hunderte von Plattformen aus geflochtenem Schilf anbringen und konstruierte so sehr sichere und wohlgeeignete Fahrzeuge von dem Typ, den wir Balsa genannt haben. Nachdem er so viele Balsas bekommen hatte, wie für die Anzahl der Truppen, die ihn begleiten sollten, nötig war, und nachdem er die erfahrensten Lotsen, die er unter den Eingeborenen hier an der Küste finden konnte, ausgewählt hatte, stach er mit dem gleichen Mut und in dem gleichen Geist, die seinen Erfolg seit seiner Geburt gesteuert hatten, in See.
Ich sage über diese Reise nicht mehr, als was glaubwürdig ist, aber diejenigen, die über die Taten dieses tapferen Inca berichtet haben, versicherten, daß er auf dieser Reise für die Dauer eines ganzen Jahres auf See blieb; einige sagen länger, und daß er gewisse Inseln entdeckte, die Hagua Chumbi und Nina Chumbi genannt wurden, und daß diese Inseln im südlichen Pazifik lagen, an dessen Küste der Inga an Land ging. Ich erdreiste mich nicht, mit Sicherheit zu konstatieren, von welchen Ländern man annehmen kann, daß sie auf seiner Reise entdeckt wurden.«
In seiner *History of Peru* erwähnte Balboa noch einmal die eindrucksvollen Reisen des Inca Tupac (»Topa-Inga Yupangui«) und nahm wiederum ein Kapitel über »Seine Reise auf dem Meer« auf. Er stellt abschließend fest: »Ich wage indessen nicht, diese Tat zu bestätigen, auch nicht zu entscheiden, von welchen Inseln die Rede ist, aber die Indianer berichten, daß der Inga von dieser Expedition eine große Anzahl Gefangener mit schwarzer Hautfarbe, viel Gold und Silber, einen Thron aus Kupfer und Häute von Tieren, die an Pferde erinnern, mitgebracht hat. Man ist völlig unwissend, wo er solche Dinge in Peru oder auf dem Meer, das an die Küste des Landes spült, gefunden haben kann.«

Entdeckungsreisen im Stillen Ozean

Als Balboa und Sarmiento die Berichte über Inca Tupacs Seereise aufzeichneten, war dies ein ziemlich junges Ereignis in der mündlich überlieferten Geschichte der Inka. Damals hatten die Europäer noch keine bewohnte Insel im offenen Stillen Ozean entdeckt. Sie kannten vorläufig erst die unbewohnte Galapagosgruppe, die so nahe bei Ecuador lag, daß sie regelmäßig von Fischern auf Balsaflößen besucht wurde.
Während sich Pater Balboa damit abfand, daß er nicht wußte, wo vor

Perus Küste der Inka auf bewohnte Inseln gestoßen sein konnte, entschloß sich der Seefahrer Sarmiento de Gamboa, nach ihnen zu suchen. Er überredete den neuen Vizekönig von Peru, die Mendaña-Expedition zu organisieren, an der Sarmiento selbst als Navigator teilnahm. Er hatte genaue Positionen und den Segelkurs von den gelehrten *amautas* des Inkareiches, welche die Verantwortung für die Überlieferung der Landesgeschichte trugen, erhalten.

Die erste Mendaña-Expedition verließ Callao 1567 mit Kurs West-Südwest, direkt in Richtung Osterinsel. Aber nach sechsundzwanzigtägigem Streit mit dem Historiker Sarmiento änderte Kapitän Mendaña den Kurs auf Nordwest, unmittelbar bevor sie die Osterinsel entdeckt hätten. Sie stießen auf keine Insel, bis sie in Melanesien, auf der anderen Seite Polynesiens, unter schwarzen Menschen landeten. Als sie auf dem Rückweg den Passatwind und den Humboldtstrom gegen sich hatten, mußte die Mendaña-Expedition extrem weit nach Norden segeln und durch den nördlichen Teil des Stillen Ozeans, vorbei an Panama, nach Peru zurückkehren. Tupacs Balsaflottille muß das gleiche drei Generationen früher getan haben. Deshalb hatte er mit schwarzen Inselbewohnern und Trophäen aus Gold und Kupfer nach Zentralamerika zurückkehren können. Nachdem das Balsafloß Kon-Tiki 1947 von Callao nach Polynesien gesegelt war, sind 14 bemannte Flöße aus Balsastämmen oder Totoraschilf von Peru und Ecuador aus über das Meer gesegelt. Zwei von ihnen haben die Galapagosinseln erreicht, 12 gelangten zu bewohnten Inseln Polynesiens, fünf davon fuhren weiter bis nach Melanesien, und vier kamen sogar mit wohlbehaltener Mannschaft nach Australien.

Es gibt gute Gründe anzunehmen, daß Inca Tupac Yupanquis *Ninachumbi* oder »Feuerinsel« die Osterinsel war. Nicht nur, weil die von Sarmiento angegebene Richtung und Entfernung dafür sprechen, sondern auch, weil der spätere Entdecker der Osterinsel (Roggeveen aus Chile 1722) und der Wiederentdecker (Gonzalez aus Peru 1770) ausdrücklich festgehalten haben, daß sie diese Insel nur fanden, weil die Bewohner mit Feuern Rauchsignale längs der gesamten Küste gaben, um auf sich aufmerksam zu machen.

Im übrigen kann kein Zweifel darüber herrschen, daß Inca Tupacs *Avachumbi* die kleine Insel Kava aus der Gambiergruppe Mangareva ist, nach der Osterinsel die Peru nächstgelegene bewohnte Insel. Der Polynesien-Anthropologe Sir Peter Buck, der die Geschichte der Inka nicht kannte, aber die führende Autorität auf dem Gebiet des polynesischen Kulturerbes war, schrieb 1938 in seiner *Ethnology of Mangareva*:

»Tupa war ein wichtiger Besucher, der nach Mangareva kam. Die einheimische Geschichte hält fest, daß er in der Periode der Königsbrüder Tavere und Taroi kam. ... Tupa segelte nach Mangareva durch die Südostpassage, die später Te-Ava-nui-o-Tupa (Der-große-Kanal-von-Tupa) genannt wurde ...« Und: »... der Seefahrer Tupa ... segelte direkt

Das Kon-Tiki-Floß wurde Vorläufer für ähnliche Experimente mit originalen Hochseefahrzeugen.

hinunter nach Mangareva, und blieb in dem Großen-Kanal-von-Tupa liegen. Er ging auf der kleinen Insel Te Kava an Land.« Das alte polynesische Manuskript, das Buck zitierte, berichtete, daß Tupa, bevor er in sein eigenes Land zurückreiste, »den Bewohnern Mangarevas von einem riesigen Land erzählte …, mit einer großen Bevölkerung, über die mächtige Könige herrschten.«

Man kann sich kaum einen deutlicheren Beweis für die Leistungen der Peruaner auf dem Meer vor der Zeit der Eroberungen wünschen. Und selbst wenn sowohl Melanesien und später auch Polynesien durch Spanier entdeckt wurden, die von Peru 1568 (Salomoninseln) und 1595 (Marquesas-Inseln) lossegelten, so verdienen die anonymen Handelsreisenden, die den Inca Tupac auf den richtigen Kurs brachten, oder die Peruaner, die vorher schon Süßkartoffeln, Maniok, Kürbisse und Totora nach Polynesien brachten, die Ehre, als erste Land draußen im offenen Stillen Ozean entdeckt zu haben.

Die Entdeckungsreise des Inca Tupac mit seiner gewaltigen Flottille im Stillen Ozean fand so kurze Zeit vor der Ankunft der Europäer statt, daß man fast sagen kann, sie lag in der Zeit schriftlicher historischer Überlieferung, denn Tupac war der Großvater des Incas, den Pizarro hinrichten ließ. Aber die Tatsache, daß die traditionsgebundene mündliche Geschichte der Peruaner noch weiter zurückreicht, bis in die präinkaische Zeit, ist ebenfalls wichtig für die Deutung des archäologischen Materials von der Küste Perus.

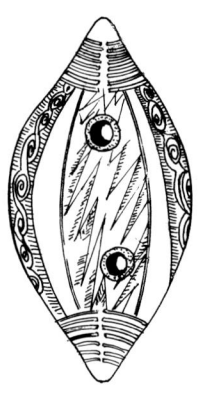

Die Inka begannen ihre sonst so nüchterne Geschichte damit, daß ihr eigener erster Stammvater, Manco Capac, auf mystische Weise aus einer Höhle gekommen sei und behauptet habe, er sei der Sohn der Sonne. Die Flachländer an der Küste um Lima hatten indessen eine glaubhaftere Version. Sie besagte, er sei zuerst als Seefahrer die Küste zu ihnen hintergekommen, aber später hinauf ins Hochland gezogen, um sich in einer Höhle zu verstecken und seine wundersame Herkunft von der Sonne zu ersinnen. Der Bericht darüber wurde zuerst von dem Jesuiten Anello Oliva (1631) aufgezeichnet, einem der wenigen Spanier, die im siebzehnten Jahrhundert kamen, um mit der Bevölkerung zusammen auf dem flachen Land zu wohnen. Dort erfuhr er, daß die ersten königlichen Inka von fremden Seeleuten abstammten, die von Ecuador aus die Küste hinuntergesegelt waren.

»Viele unternahmen Reisen entlang der Küste, und einige erlitten Schiffbruch. Mindestens ein Zweig ließ sich in der Nähe von Ecuadors Küste auf einer Insel nieder, die Guayau hieß. Auf dieser Insel wurde

Silbernes Schilfboot aus der präinkaischen Zeit. Besonders interessant der Fischer, der am Fuß des Mastes sitzt. Aus dem Gold-Museum in Lima.

Manco Capac geboren, und nachdem sein Vater Atau gestorben war, beschloß er seinen Heimatort zugunsten eines besseren Klimas zu verlassen. So zog er mit 200 seiner Leute, die er in drei Gruppen einteilte, in den Fahrzeugen fort, die ihm zur Verfügung standen. Zwei dieser Gruppen sind nie wieder erwähnt worden, aber er selbst und sein Gefolge gingen in der Nähe von Ica an Perus Küste an Land, und von dort kämpften sie sich ins Gebirge hinauf und erreichten schließlich das Ufer des Titicacasees.«

Die Überlieferung von Tucumé

Entlang der gesamten peruanischen Küste gibt es bestimmte Überlieferungen und Legenden von Kulturhelden und gewöhnlichen Reisenden, die entweder über das Meer kamen oder über das Meer fortfuhren. Pater Joseph de Acosta schrieb 1590, daß die Indianer aus Ica und auch die aus dem 1300 Kilometer weiter südlich gelegenen Arica den Spaniern erzähl-

Rechts: Präinkaisches Schilfboot aus Keramik. Besondere Aufmerksamkeit verdient der unten im Boot ausgehöhlte Halt für den beweglichen Mast. Die Fischer an Perus Nordküste benutzen ihn nach wie vor auf ihren kleinen Flößen aus Balsastämmen und nennen ihn den »Schuh« des Mastes. Aus dem Museo Cassinelli in Trujillo.

ten, ihre eigenen Vorväter seien in alten Zeiten auf den südlichen Pazifik hinausgesegelt, wo sie fern im Westen liegende Inseln besucht hätten.

Kapitän de Cadres notierte nach den Angaben eines alten Informanten namens Chepo den Segelkurs zu einer der nächstgelegenen dieser Inseln. Er sagte, daß es zwei Monate dauere, von Ica zu der unbewohnten Insel Coatu zu segeln, auf der es drei Berge und viele Vögel gebe. Wenn man diese Insel links liegenlasse, werde man danach zu einer bewohnten Insel gelangen, die Qüen heiße und einen Häuptling mit Namen Qüentique habe. Und zehn Tage weiter in westlicher Richtung liege eine noch größere bevölkerte Insel, Acabana.

Als Amherst und Thompson 1901 diesen alten Bericht veröffentlichten, merkten sie zu Recht in einer Fußnote an, daß dieses der exakte Kurs zur Osterinsel ist, mit der kleinen unbewohnten Vogelinsel Sala-y-Gómez davor und mit Mangareva zehn Tagesreisen weiter westlich. Sala-y-Gómez ist der Brutplatz für die schwarzen Seeschwalben der Osterinsel. Die drei nackten Bergkuppen sieht man aus der Entfernung so deutlich, daß die europäischen Entdecker sie später auf der Karte als drei Inseln einzeichneten. Noch heute erscheint diese bescheidene kleine Felseninsel so auf der Karte.

Die historische Überlieferung an der Küste Perus geht davon aus, daß nicht nur der erste Inka, sondern auch die Begründer der Kulturen der präinkaischen Zeit als Seefahrer vom Norden her die Küste herunterkamen. Der erste König der Chimú-Dynastie war der Begründer von Chan-Chan an der Küste bei Trujillo. Er ist der legendäre Takaynamo (in den ältesten Manuskripten: Taykanamo). Texte, die 1604 in der Provinz Trujillo aufgezeichnet wurden, halten fest, daß sein ursprüngliches Heimatland vergessen war, aber daß ein mächtiger König ihn ausgesandt hatte, um über dieses Land zu herrschen. Und da er vom Meer kam, aber, dem einheimischen Brauch entsprechend, gelben Puder und ein Lendentuch aus Baumwolle benutzte, »und Balsa aus Stämmen, die an der Küste von Paita und Tumbes verwendet werden, wurde angenommen, daß der erwähnte Indianer aus einem Land kam, das nicht so weit entfernt war«. Die Rückbesinnung an diesen Begründer des Chimú-Reiches erinnert so sehr an den legendären Einwandererkönig Naymlap, den Begründer der Kultur im weiter nördlich gelegenen Lambayeque-Tal, daß man sie zweimal für ein und dieselbe Person hielt, nur mit zwei verschiedenen Namen. Aber das kann nicht sein. In der Königsfolge des Lambayeque-Tals regierten 12 Generationen der Naymlap-Dynastie, worauf eine neue Periode mit unabhängigen kleinen Republiken folgte, bis die Chimú von

Süden eindrangen und das Tal eroberten. Wenige Generationen später kamen die Inka und nahmen das Königreich Chimú und die gesamte Küste in Besitz.

Die Dynastie des Königs Naymlap

Die Geschichte von König Naymlap, der an der Küste in der Nähe von Tucumé an Land ging, ist immer noch ein Teil der mündlichen Überlieferung im Lambayeque-Tal. Aber wieder war es der gelehrte Jesuit Pater Cabello de Balbao, der diese während seines langen Aufenthaltes unter den Küstenindianern niederschrieb. Sein Text nimmt direkt Bezug auf die Erbauung des Pyramidenkomplexes in Tucumé.

Perus Blütezeit wird im ganzen Land wieder lebendig. Sie ist das unmittelbare Ergebnis aller archäologischen Neuentdeckungen. Inspiriert von den Funden in Sipán und Tucumé, organisieren die Fischer im Lambayeque-Tal Wettkämpfe mit ihren eigenen kleinen Schilfbooten und auch Festspiele. Sie stellen die Landung des legendären Königs Naymlap an ihrem eigenen Strand mit einer ganzen Flottille großer Balsaflöße dar. (Foto: Lise Lian)

»Die Leute in Lambayeque sagen – und alle Leute in der Umgebung sind mit ihnen darin einig –, daß in Zeiten, die so fern sind, daß man es nicht zu fixieren weiß, vom oberen Teil Perus auf einer großen Balsafloß-Flottille ein Vater mehrerer Familien eintraf, ein Mann von großem Mut und großer Tüchtigkeit, der Naymlap hieß. Er brachte viele Nebenfrauen mit, aber seine erste Ehefrau soll Ceterni gewesen sein. Er hatte in seiner Gesellschaft viele Menschen, die ihm als ihrem Oberhaupt und Anführer folgten. Die tapfersten unter ihnen waren seine vierzig Häuptlinge, solche wie Pita Zofi, der sein Zeremonienmeister war und auf einem großen Tritonshorn blies und den die Indianer hoch verehrten. Andere waren Ninacola, der für seinen Tragsessel und Thron verantwortlich war, und Ninagintue, der als Hofmeister die Getränke verwaltete, sowie Fonga Sigde, der zerbrochene Muscheln auf den Boden streute, wo sein Herr gehen sollte. Ein anderer war Occhocalo, sein Küchenchef. Noch ein anderer, der für die Sklaven und die Farben, mit denen der Herr sein Gesicht schmückte, zuständig war und der ihn auch badete, hieß Zam Muchec; und Ollopcopoc fertigte seine Kleider und Federumhänge. Ebenfalls von seinem Herrn hochgeachtet war Lapchiluli, und mit diesen Leuten (und unzähligen anderen Häuptlingen und Bediensteten) zierte und ehrte er seine Person und sein

Haus. Dieser König Naymlap, der mit seinem ganzen Gefolge an die Mündung des Flusses, der jetzt Fazquillanga heißt, geriet, dort an Land ging und seine Balsas zurückließ, begab sich mit seinen Leuten landeinwärts auf Erkundung, in der Absicht, sich hier niederzulassen. Und nachdem sie eine halbe Legua zurückgelegt hatten, bauten sie einen Tempel in ihrem eigenen Stil, den sie Chot nannten; und in diesem Heiligtum versammelten sie sich mit heidnischer Gottesfürchtigkeit um einen Abgott, den sie mitgebracht hatten, geschaffen nach dem Bilde ihres Herrn und

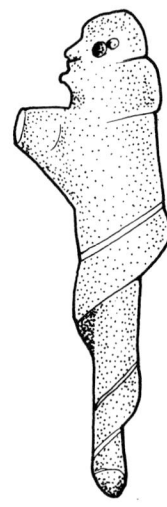

in grünen Stein gehauen. Diesen nannten sie Yampallec (was Figur und Statue von Naymlap bedeutet).

Nachdem der König viele Jahre in Ruhe und Frieden mit seinem Volk gelebt und viele Söhne hatte, kam die Zeit für seinen Tod. Und da seine Vasallen nicht erfahren sollten, daß der Tod auch über ihn Macht hatte, begruben sie ihn in aller Heimlichkeit in demselben königlichen Tempel, in dem er gewohnt hatte, und taten im ganzen Land kund, daß er (aufgrund seiner eigenen Vortrefflichkeit) Flügel bekommen habe und verschwunden sei.

Seine Begleiter empfanden seinen Verlust so stark, daß sie trotz ihrer großen Anzahl eigener Kinder und Enkel und der großen Verbundenheit mit dem neuen fruchtbaren Land alles verließen und sich blind auf den Weg machten, ohne anderes Ziel, als überall nach ihm zu suchen. So blieben nur diejenigen im Land zurück, die dort geboren waren, und das waren nicht wenige; die anderen waren weit verstreut auf der Suche nach dem einen, von dem sie glaubten, daß er verschwunden sei.

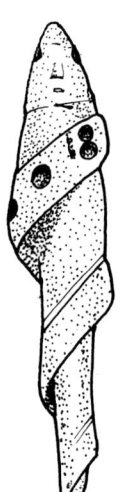

Zurück mit dem Reich und der Macht des toten Naymlap blieb sein ältester Sohn Cium, der sich mit einem Mädchen, das den Namen Zolzoñi trug, verheiratete. Mit ihr und verschiedenen Nebenfrauen bekam er zwölf Söhne, und jeder von ihnen wurde Vater einer großen Familie. Nachdem er viele Jahre gelebt und geherrscht hatte, begab sich dieser Cium in ein unterirdisches Gewölbe, und dort legte er sich zum Sterben nieder (und das mit der Absicht, daß die Nachwelt ihn als unsterblich und heilig ansehen sollte).«

Nach König Cium zählt Balboa die Namen von weiteren zehn Königsgenerationen auf und schließt mit Fempellec. Dann fährt er fort:

»… dies war der letzte und unglücklichste der Könige in dieser Dynastie, denn er entschloß sich, die Reliquie oder den Abgott, den, wie wir erwähnt haben, Naymlap auf dem Thron in Chot plaziert hatte, an einen anderen Ort zu bringen.«

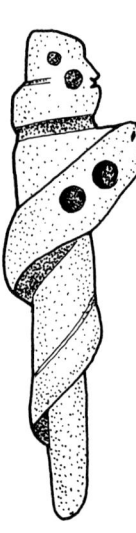

Als König Fempellec diese Statue zu entfernen versuchte, mißlang das, und als er obendrein mit einem Teufel in Gestalt einer schönen Frau ins Bett ging, brach die Katastrophe aus.

»Es begann zu regnen (so wie man es nie zuvor auf diesen Ebenen erlebt hatte), und die Überschwemmung dauerte 30 Tage, und danach folgte ein Jahr mit Trockenheit und Hunger. Nachdem sich die Priester des Abgottes (und andere Häuptlinge) über das große Verbrechen klargeworden waren, das ihr Herr begangen hatte, begriffen sie, daß Hungersnot, Regen und Not, unter denen das Volk litt, die Strafe für seine Sünden waren. Und um sich an ihm zu rächen (sie vergaßen die Vasallentreue) fingen sie ihn, banden ihn an Händen und Füßen und warfen ihn in das offene Meer. Und mit ihm endete das Geschlecht und die Dynastie des Herrenvolkes vom Lambayeque-Tal.«

Die Geschichte des Lambayeque-Volkes

Nachdem er die gesamte Geschichte der Naymlap-Dynastie vom ersten bis zum letzten der 12 Könige berichtet hat, kehrt Pater Balboa zu einer kurzen, aber wichtigen Notiz über die erste Periode zurück:
»Zu Lebzeiten von Cium, Naymlaps Erben (und Herr Nummer zwei in diesen Tälern), wird gesagt, daß seine Söhne auszogen, um neue Familien und Ansiedlungen zu gründen und daß sie viele Menschen mitnahmen. Einer, der Nor hieß, reiste in das Cinto-Tal, und Cala zog nach Tucumé und ein anderer nach Collique und andere an andere Orte.«
Da sowohl Naymlap als auch sein ältester Sohn Cium heimlich in ihren eigenen Tempelwohnungen in Chot begraben wurden, gründete Naymlaps Enkel Cala mit Tucumé den ersten Wohnsitz nach Chot. So war Tucumé zehn Generationen lang durch die Naymlap-Hierarchie verwaltet worden, als der unglückliche König Fempellec seinen mißglückten Versuch unternahm, die wichtige grüne Steinstatue zu entfernen und für sein Verbrechen mit dem Leben büßen mußte. Nach dieser Zeit mußte Tucumé Perioden durchstehen, die weniger ruhmreich waren, und es erlebte wiederholt Eroberungen.
Die von diesen Generationen bewahrten Erinnerungen sind unvollständig: »Wie wir gesehen haben, blieb das Königtum Lambayeque (und die

Rechts:
Die Fischer lebten sich völlig in die Rollen des legendären Königspaares Naymlap und Ceterni ein, das nach den Erzählungen ihrer Vorväter, am Strand unterhalb von Tucumé gelandet war. Historische Überlieferungen, von den Spaniern zur Zeit der Eroberung aufgezeichnet, berichten, daß Tucumé von Naymlaps Enkelsohn Calla gegründet wurde.
(Foto: Lise Lian)

Orte, die von ihm annektiert worden waren) ohne natürlichen Beschützer oder Herrn zurück, nachdem das eigene Volk Fempellec wohlverdient hingerichtet hatte. In diesem Zustand löste es sich für lange Zeit in mehrere Republiken auf, bis ein mächtiger Tyrann, der Chimo Capac hieß, mit einer unüberwindlichen Armee kam und alle diese Täler übernahm und in ihnen Gefangenenlager baute. Und im Lambayeque-Tal setzte er als seinen Herrn und Herrscher einen Mann mit Namen Pongmassa ein, der Chimú war. Er starb als ein friedlicher Herr und hinterließ einen seiner Söhne, Pallesmassa, als seinen Nachfolger. Ihm folgte dessen Sohn Oxa, und das war zu der Zeit, als die Inka siegreich in die Cajamarca-Provinzen einmarschierten...«

Balboa berichtet, daß Oxa in Furcht lebte, die Cuzco-Inka könnten vom Hochland herunterkommen und die Gebiete erobern, die von den Chimú-Eindringlingen an der Küste okkupiert worden waren. Das taten sie auch, und laut Balboas Informanten in Lambayeque machten sie Oxas Nachfahren für die Dauer von fünf Generationen zu ihren Vasallen. Der letzte, Secfunpisan, wurde gestürzt, als Pizarro und seine Konquistadoren an Perus Küste an Land gingen und alle einheimischen Kulturen vernichteten.

Hieraus können wir entnehmen, daß das Volk von Lambayeque seine Geschichte in vier Perioden einteilte, die alle mit Einwanderern begannen. Sie begann mit Naymlap, der die Lambayeque-Kultur mitbrachte, dann kam die Chimú-Periode, danach die Inkaperiode und schließlich die spanische Kolonialzeit. Bevor Naymlaps Flotte ankam, gab es der Legende nach im Tal keine organisierte Gesellschaft von Bedeutung. Aber es gibt Hinweise auf eine frühere Bevölkerung: Es wurde überliefert, daß bei Naymlaps Verschwinden diejenigen, die mit ihm gekommen waren, fortgingen, um nach ihm zu suchen, während diejenigen, »die dort geboren waren«, in dem Gebiet blieben.

Die einheimische Königsgeschlechterfolge gibt uns keinen Hinweis darauf, wann Naymlap kam und den Chot-Tempel baute und auch nicht, wann sein Enkelsohn Cala die Tempelstadt Tucumé gründete. Weiße Flecken breiten sich über eine unbekannte Anzahl von Generationen, nachdem das ursprüngliche Königreich von mehreren unabhängigen Republiken abgelöst wurde und danach die Chimú-Eindringlinge das gesamte Gebiet eroberten. Drei Generationen lang herrschten sie als unabhängige Herren, danach waren sie, bis zur Eroberung durch die Spanier, für die Dauer von fünf Generationen Vasallenkönige der Inka.

Man sollte die mündlich überlieferte Geschichte der kulturell fortge-

schrittenen Gesellschaften im präkolumbianischen Peru nicht unterschätzen. Das wird von der modernen Archäologie bestätigt. Müßten wir die Erinnerungen des Lambayeque-Volkes in eine archäologische Terminologie fassen, könnten wir von unten nach oben folgende Schichteneinteilung erwarten: eine zum Teil präkeramische Urperiode, eine fortgeschrittene Lambayeque-Periode, eine Chimú-Periode und schließlich eine Inka-Chimú-Periode, die alle der Reihe nach der spanischen Kolonialperiode vorausgingen.

Impulse von Norden

Es ist auffallend und bemerkenswert, daß die Vorväter der drei aufeinanderfolgenden Kulturvölker als Einwanderer aus dem Norden gekommen sein sollen. Was die ersten primitiven Einwohner im Lambayeque-Tal betrifft, so können wir mit Sicherheit davon ausgehen, daß sie als Jäger und Fischer zu Fuß aus dem Norden gekommen sind, ebenso wie der Rest der südamerikanischen Urbevölkerung.

Die Geschichte von Lambayeque, die von Spaniern aufgezeichnet wurde, berichtet klar und deutlich, daß Naymlap von der nördlichen Küste aus mit einer Flottille von Flößen segelte. Als die Chimú das Lambayeque-Tal eroberten, kamen sie zwar von Süden. Aber nach ihrer eigenen mündlich überlieferten Geschichte waren ihre Vorväter, unter Leitung des königlichen Navigators Takaynamo, ursprünglich auf Balsaflößen von Norden gekommen. Als die Inka das Lambayeque-Tal eroberten, kamen kamen sie nur vom Hochland herunter. Aber wenn sie ihren Untergebenen auch erzählten, sie stammten von der Sonne ab, so enthüllte das Küstenvolk doch, daß der erste Inka, Manco Capac, auf einer Insel vor Ecuador geboren worden war. Ebenso wie Naymlap und Takaynamo, war er zunächst mit einer Flottille von Balsaflößen von der nördlichen Küste herangesegelt, bevor er mit seinem Gefolge zum Titicacasee hinaufzog und behauptete, daß er von der Sonne abstamme.

Auch Pizarro war – über Ecuador – aus dem Norden gekommen, als er Peru mit seinen Karavellen erreichte. Diese ständige Erneuerung von kulturellen Impulsen aus dem Norden ist vielleicht nicht so überraschend, wenn wir daran denken, daß sich die anderen alten einheimischen Kulturzentren der Neuen Welt in Zentralamerika und Mexiko befanden. Südlich von Peru dagegen nahm das kulturelle Niveau rasch ab, bis es bei den primitiven Stämmen Feuerlands seine niedrigste Stufe erreichte.

Die nördlichste Grenze des Inkaimperiums, die heute die Grenze Ecuadors ist, spielte eine auffallend wichtige Rolle bei der Herausbildung der peruanischen Kulturen. Dies geht immer deutlicher aus den archäologischen Funden hervor, nicht zuletzt aufgrund der enormen Bedeutung der Spondylusmuscheln aus Ecuador. Sie finden sich überall in Peru als Grabbeigaben – von der frühesten Zeit bis zur spätesten.

Auch Vertreter des einheimischen Kulturvolkes von Ecuador sind davon überzeugt, daß sie von Seefahrern abstammen, die von Norden kamen. Schon in seiner *Introduction to the Archaeology of the South American Continent* berichtet T. A. Joyce, daß die Begründer von Quito auf der

Hochebene von Ecuador behauptet hätten, einige von ihnen stammten von Flößern ab, die an der Küste des Stillen Ozeans beheimatet gewesen seien. Einige ihrer Vorväter, unter anderem Cara – bekannt durch das nach seinem Herrscher benannte Cara-Volk –, hatten mit Hochseeflößen die ecuadorianische Küste nördlich von Manta erreicht. Nach einem Aufenthalt an der tropischen Küste waren sie den Fluß Esmeraldas so weit hinaufgefahren, bis sie in das Quito-Gebiet gelangt waren.

Diese Einwanderer von der Küste eroberten einige Dörfer, und es gelang ihnen, sich im Land festzusetzen. Indem sie sich mit den früheren Einwohnern vermischten, hatten sie bis zu dem Zeitpunkt, als die Inkaarmeen von Süden kamen, eine einheitliche Nation gebildet.

»Denn die Indianer sind große Seefahrer!«

Dieser Bericht, der ein vorläufiger Report über die archäologischen Ausgrabungen in Tucumé sein kann, hat unter anderm gezeigt, eine wie große Bedeutung das Meer für den Teil der eingeborenen Bevölkerung Südamerikas hatte, der an der Küste des Stillen Ozeans lebte, wobei der Schwerpunkt an Perus Nordküste lag. Durch die Verbindung von mündlicher Überlieferung einer kulturell fortgeschrittenen Nation und schriftlichen Berichten von Augenzeugen, die noch mit Pizarro zusammengetroffen sind, wurde festgestellt, daß die einheimische Bevölkerung in präkolumbianischer Zeit über seetüchtige Fahrzeuge verfügte und daß sie diese zu gebrauchen verstand.

Die meisten Forscher haben für die Zeit, bevor hier europäische Bootstypen auftauchten, allzulange den maritimen Aspekt des Lebens an der peruanischen Küste unterschätzt, ja sogar geradezu übersehen. Trotz moderner Experimente mit Meeressegeln auf bemannten Flößen aus Balsastämmen oder Schilfbündeln herrschte die irrtümliche Auffassung, die Peruaner des Altertums wären ein mit dem Festland verbundenes Volk, das nur über die primitivsten Formen von Seefahrzeugen verfügt hätte. Im Inkareich wurden auf den Dschungelflüssen Kanus verwendet. Weil aber an der Küste Schiffe mit Rumpf fehlten, wertete man dieses als Zeichen einer ungenügenden maritimen Entwicklung, obwohl sich hier ein überraschender Kontrast zu dem extrem hohen Niveau der peruanischen Technologie auf anderen Gebieten auftat.

Man hat nicht begriffen, daß die ganz besondere Küste Perus mit ihren endlosen Strecken, an denen die Brandung des Stillen Ozeans unmittelbar an den seichten Stränden und Wüstenklippen bricht, sichere Fahr-

*Seite 202/203:
Als die Schilfbootfischer aus Pimentel und Santa Rosa bei der Nachbarstadt San José anlegen, wird am Strand ein Volksfest gefeiert. In der königlichen Pracht ihrer Vorväter sind die Fischer mit großen Schilfbooten draußen auf dem Stillen Ozean gesegelt.
(Foto: Lise Lian)*

zeuge ohne einen hohlen, verletzbaren Rumpf erfordert. Die Europäer, die den mittelalterlichen Brauch geerbt hatten, Boote als eine hohle Schale mit Kiel und Ruder zu bauen, konnten nicht begreifen, daß ein nichteuropäisches Prinzip, Boote ohne Rumpf, Kiel und Ruder zu bauen, ein sicheres und kontrolliertes Steuern auf dem Meer zuläßt. Das Minimum für Segeln auf dem Meer war nach europäischer Auffassung ein großes Kanu aus einem ausgehöhlten Baumstamm, wie man es in Polynesien benutzte.

Gleichwohl begegneten die Spanier nördlich des Äquators Peruanern, die mit einer Fracht von über 30 Tonnen Handelsware nach Panama segelten. Sie hatten Frauen an Bord, die an der Reise in ferne Länder teilnahmen. An Deck gab es ordentliche Kajüten und Kochstellen, und sie hatten Verpflegung und Wasser für Wochen und Monate auf See bei sich. Uns liegen Berichte über ein Balsafloß vor, das nach zwei Monaten Fischfang auf dem offenen Meer nach Peru zurückkehrte. Der Fang, wahrscheinlich Trockenfisch, ging an einen holländischen Marinekonvoi.

Pizarro traf auf eine reguläre Flottille aus Balsas, die Inka aus Peru auf eine Insel vor Ecuador brachte. Und wenn er und seine Männer Truppen und Pferde durch die Brandung an Perus offener Küste transportieren mußten, zog er Balsaflöße seinen eigenen europäischen Booten vor.

Die Spanier waren beeindruckt von den seemännischen Fertigkeiten, die sie in Peru kennenlernten. Sie lobten sowohl Segel als auch Takelage auf den Balsaflößen: Sie »hatten Masten und Rahen aus edlem Holz und Baumwollsegel von gleicher Form und Art wie wir auf unseren eigenen Schiffen«. (…) »Das Tau ist schön und stärker als das spanische, und ihr Segeltuch aus Baumwolle ist ausgezeichnet.« – »Sie steuern mit Segeln und Paddeln, denn die Indianer sind große Seefahrer.« (…) »… sie leben viel auf dem Meer und schwimmen ebensogut wie die Fische.«

Wir tun den alten Kulturvölkern an der Pazifikküste von Peru großes Unrecht, wenn wir sie mit jenen verwechseln, die sie erobert haben – den Inka vom Hochland –, und aus diesem Grund annehmen, daß sie vor Ankunft der Spanier Landratten gewesen seien.

Nur wenn wir begreifen, daß sich die Menschen in der Neuen Welt schon vor Ankunft der Europäer zu Lande und zu Wasser bewegen konnten, können wir das plötzliche Aufblühen hochstehender Kulturen begreifen, die Amerika in präkolumbianischer Zeit von Mexiko bis Peru charakterisieren.

Bibliographie

Acosta, Joseph de (1950 a): Historical y moral de las Indias, en que se tratan las cosas ... – Seuilla (Sevilla). Vol. I, S. 56.

Amherst & Thomson, B. (1901): Introduction und Notes to: The Discovery of the Solomon Islands ba Alvaro de Mendaña. – Hakluyt Soc., II. Ser., No. 7 London, Vol. II, S. 463–468.

Andagoya, Pascual de (1541–1546 [1865]): Narrative of the proceeding of Pedrarias Davila ... – Hakluyt Soc., Vol. XXXIV. 1865, S. 36, 45, 58.

Balboa, Miguel Cabello de (1576–1586): Miscelanea antartica. – MS in New York Public Library, copied from the now lost original about 1700–1725, S. 501.

ders. (1586[1840]): Histoire de Pérou. In Ternaux-Compans: Voyages, Relations et Mémoires originaux pour servir à l'histoire de la découverte de l'Amerique. Paris 1840, Kap. VII, S. 81 u. Kap. 17.

Benzoni, G. (1565 [1857]): History of the New World. (Trans. W.H. Smyth) – Hakluyt Soc., No. 21, London 1857. (Orig. ed.: La Historia del Mundo Nuevo. – Venice 1565.) S. 242.

Buck, P.H. (1938): Ethnology of Mangareva. – B.P. Bishop Mus. Bulletin. 157. Honululu, S. 22–23, 453.

Carter, G. F. (1945): Some Archaeological cucurbit seed from Peru. – Acta Americana, Vol. III, Mexico.

Cieza de Leon, Pedro de (1553): Parte Primera de la Crónica del Peru – Sevilla, Kap. 67.

Gamboa, Pedro Sarmiento de (1572 [1907]): History of the Incas. (Transl. and ed. by C. Markham) – Hakluyt Soc., II Ser., Vol. XXII. Cambridge 1907, S. 135.

Garcilaso de la Vega, Inca (1609 a [1722]): Primera Parte de los Comentarios Reales, que tratan del origen de los Inca, Etc. – Madrid 1722. Vol. I, book III, Kap. 16.

Gonzales, Felipe (1770–1771 [1908]): The Voyage of Captain don Felipe Gonzales to Easter Island in 1770–1771. – Hakluyt Soc. II Ser., No. 13. London 1908.

Heyerdahl, Thor (1952): American Indians in the Pacific, S. 572–574.

Heyerdahl og Skjølsvold (1956): Archaeological Evidence of Pre-Spanish Visits to the Galapagos Islands. – Men. Soc. Amer. Arch. No. 12. Salt Lake City.

Humboldt, A. v. (1810): Vues des Cordillières, et monuments des peuples indigènes de l'Amerique. – Paris o. J.

Joyce, T. A. (1912): South American Archaeology. An Introduction to the Archaeology of the South American Continent with Special Reference to the Early History of Peru. New York, S. 52.

Juan G. & Ulloa, A. de (1748 b [1760]): A Voyage to South America. – London 1760, S. 189, 193.

Las Casas, Bartolomè de (ca. 1559 [1876]): Historia de las Indias. – Colección de documentos inéditos para la historia de España. Madrid 1876. Kap. XLI.

Lothrop, S. K. (1932): Aboriginal Navigation off the West Coast of South America. – Roy. Anthrop. Inst., Vol. LXII. London.

Oliva, P. Anello (1631 [1857]): Histoire de Pérou. – Paris 1857.

Oviedo y Valdés, Gonzalo Fernando de (1535–1548 [1855]): Historia general y natural de las Indias, islas y tierrafirme del mar océano. – Vol. IV, book 46. Madrid 1855.

Paris, F. E. (1841–1843): Essai sur la construction navale des peuples Extra-Européens. – Paris o. J.

Pizarro, Pedro (1571 [1844]): Relatión del descubrimiento y conquista de los reinos del Perú. Colección de Documentos Inéditos para la Historia de España, Vol. V. Madrid 1844, S. 154, 157.

Prescott, W. H. (1847): History of the Conquest of Peru. – Vol. II. London, S. 248. Zitiert nach: W. Prescott: Die Eroberung Perus. – Leipzig 1975, S. 125, 126.

Roggeveen, J. (1722 [1908]): Extract from the official log of Mr. Jacob Roggeveen relating to his discovery of Easter Island. – Hakluyt Soc., II Ser., No. 13. London 1908.

Routledge, C. S. (1917): The Bird Cult on Easter Island. – Folk-Lore, Vol. XXVIII, No. 4., o. O. o. J.

Sáamanos, Juan de (1526 [1844]): Relación de los primeros descubrimientos de Francisco Pizarro y Diego de Almagro, sacada del códice número CXX de la Biblioteca Imperial de Viena. – Colección de Documentos Inéditos para la Historia de España, Vol. V. Madrid 1844, S. 196.

Sarmiento de Gamboa, Pedro, siehe: Gamboa, Pedro Sarmiento de.

Sharp, B. (1704): The dangerous Voyage, and bold Attempts of Capt. B. Sharp ... The History of the Buccaneers of America, S. 58, 64.

Skogman, C. (1854): Fregatten Eugenies Resa Omkring Jorden Ären. 1851–1853. Ä Vol. I–II. Stockholm. Vol. I, S. 164.

Spilbergen, Joris van (1619): Speculum Orientalis Occidentalis que Indiae navigation, 1614–1618. – Leiden, S. 83.

Stevenson, W.B. (1852): A Historical, and Descriptive Narrative of Twenty Years' Residence in South America. – Vol. I–III. London. o. J.

Xerés, Francisco (1534 [1872]): A True Account of the Province of Cuzco. – In: Reports on the Discovery of Peru. Hakluyt Soc., Vol. XLVII. London 1872, S. 13, 161.

Zárate, Augustin de (1555 [1700]): Histoire de la Découverte et de la Conquète du Pérou. – (Orig. Ausg.: Antwerpen 1555.) Amsterdam 1700. Book I. Kap. VI.

Bildnachweis

Fotos (wenn nicht anders angegeben): der Autor, Kristine Edle Olsen, Bettina Heyerdahl und Alfredo Narvaez.

Strichzeichnungen im Text: Percy Fiestas, Tucumé.

Register

A
Acosta, Joseph de 191
Alva, Walter 13–17, 20 ff., 36 f., 45, 106, 118
Andagoya, Pascual de 172
Anden 7, 10, 12, 66, 93, 159, 162
Äquator 8, 160, 164, 176, 204
Argentinien 160
Arica 191
Atico 182

B
Balboa, Miguel Cabello de 163, 185, 187, 193, 196 ff
Batán Grande 10 f., 35, 56, 112, 160
Bennet, Wendell C. 33
Benzoni, Girolamo 173
Bolivien 160
Brasilien 174
Brüning, H. H. 180
Buck, Peter 188

C
Cachinche 114
Cajamarca 68
Callao 178, 188
Carcilaso, Inca 168 f., 182
Casma 68
Cerro del Plomo 69
Chachapoyas (Amazonas) 68
Chan-Chan 14 f., 21, 56, 80, 107, 138, 140, 192
Charapoco 186
Chavín de Huantar 94, 159
Chicama 159
Chiclayo 22, 25, 29, 96, 112
Chile 7, 16, 68, 134, 136, 160
Chincha-Inseln 178, 182
Chincha-Tal 182
Chornancap 11
Chotuna 10 f., 47
Chulluyache Vieja 31
Cieza de Leon, Pedro 12, 168 f.
Cuzco 12, 69, 81, 136, 160, 166, 172, 182, 185

D
Dampier, William 176 f.
Donnan, Christopher 15

E
Ecuador 7 f., 17, 38, 66, 89, 94, 136, 140, 159 f., 166, 172, 178, 182, 184, 186 f., 188, 190, 200 f., 204
Estete, Miguel de 166

F
Fiestas, Victor 30 ff.

G
Galapagosinsel 140, 187 f.
Gamboa, Pedro Sarmiento de 184, 187 f.
Ganoza, Guillermo 14 f., 21 f.
Garcia, Alan 103
Guayaquil 140, 177 f., 180
Guillén, Sonia 83, 85 f., 90

H
Huaca I 36, 52, 69, 74, 76, 122, 124, 128
Huaca Larga 52, 56, 61, 64, 66, 68 f., 73–77, 86, 89, 90, 122, 124 f., 129
Huanchaco 138, 140, 180
Humboldt, Alexander von 180

I
Ica 191
Ilo 143

J
Joyce, T. A. 200
Juan, G. 174, 178 ff.

K
Koch Johansen, Øystein 138
Kosok, Paul 35
Kroeber, Alfred L. 33
Kuba 50

L
La Islilla 31
La Raya-Gebirge 27 f., 52, 59, 73 f.
Lambayeque 10, 13, 16, 22, 180, 194
Lambayeque-Tal 10, 12, 17, 20, 31, 47, 52 f., 56, 59, 80 f., 86, 88, 91, 94, 107, 109 f., 114, 142, 159, 163, 173 f., 180 f., 192 f., 197 f., 200
Las Casas, Bartolomè de 163
Lima 8, 10, 14, 22, 46, 177, 190

M
Madox, Richard 174
Mangareva 174, 188 ff., 192
Manta 184, 186, 201
Marquesas-Inseln 149, 190
Matacavallo 31
Melanesien 188, 190
Mexiko 87, 204
Moche 107
Moche-Tal 53, 57, 80
Mochumi 114, 120
Morrope 11, 47, 95
Muños, Kitin 139, 149, 152

N
Narvaez Vargas, Alfredo 45, 48, 51 f., 61, 63, 67, 72, 75 f., 82, 118, 122, 128 f., 132, 133, 144
Nonurá 31

O
Oliva, Anello 190
Osterinsel 38, 86 ff., 148 f., 188, 192
Oviedo y Valdés, Gonzalo Fernando de 172, 173

P
Pacasmayo 180
Paita 175 f., 178
Pampa Grande 10, 56
Panama 17, 89, 159, 163, 172, 177, 182, 188, 204
Paris, F. E. 180
Patron, Maria Luisa 83
Peru 7, 10, 17, 20, 22, 32, 38, 45, 47, 51, 53, 59, 68, 87, 93, 136, 142, 149, 159 f., 163, 166, 171, 173, 175, 184, 188, 200, 204
Picuara 186
Pimentel 138, 140
Pizarro, Francisco 163, 166 ff., 171 f., 182 ff., 198, 200, 204
Polynesien 16, 32, 109, 149, 174, 181, 188, 190
Prescott, W. H. 166

Q
Quito 159, 169, 200

R
Rostworowski, Maria 182
Ruiz, Bartolomeo 164

S
Sáamanos, Juan de 164 f.
Sala-y-Gómez 192
Salomoninseln 190
San José 158
Sandweiss, Daniel 45, 48, 50 f., 81, 113, 129, 143
Santa Clara 166
Santa Rosa 138, 140
Schaedel, Richard 35
Sechura 32, 178
Sipán 10, 14, 16 f., 20, 33, 36 f., 45, 56, 75, 83, 106, 118, 160
Skjølsvold, Arne 46, 48, 148
Soriano, W. Espinoza 174
Spilbergen, Admiral 175 f.
Stevenson, W. B. 180
Stiller Ozean 7, 12, 32, 87, 93 f., 136, 149, 153, 160, 184, 186 f., 188, 190, 201
Stimman, Hans 14
Stübel, A. 91
Suy Suy, Victor Antonio Rodriquez 107, 110 f., 114, 117, 125

T
Tiahuanaco 94, 159
Tinajones 114
Titicacasee 110, 174, 183 f., 191
Trimborn, Hermann 35
Trujillo 14, 20, 30, 46, 107, 177, 192
Tumbes 7, 160, 166 f., 169, 172, 174, 184
Tupac Yupanqui, Inca 12, 184–190

U
Ucupe 10
Uhle, M. 91
Ulloa, A de 174, 178 ff.

V
Valverde, Vincente 183
»Vesthaugen« (Westhügel) 77 f., 80 f., 90

X
Xerés, Francisco 166, 171

Y
Yasila 31

Z
Zaña 10
Zárate, Augustin de 172